東海の街道1

街道今昔

美濃路をゆく

監修＝日下英之
Eishi Hinoshita

M I N O J I

風媒社

境川堤防を通る美濃路と伊吹山

はしがき

一本の道標に見る街道の今昔

日下英之

私を美濃路に導いたのは、一本の道標である。それは美濃路が岐阜街道を分岐する四ッ家《よっや》の追分（現稲沢市井ノ口町四ッ家）に建っていた。高さ1・5mほどの四角い石柱であった。それには南面に「左　京都并大垣道」、東面に「右　ぎふ并浅井道」、とあり、文政2年（1819）の建立とあった。私はそれを見て一種の幻想に誘われた。「道は文化を運ぶ」という。この道を左にたどれば遠く京に通じるのかと、そしてこの道の向こうから華やかな都の香りをのせた風が吹いてくるように感じた。

＊

この道標は、その後の日本列島改造時代、ダンプカーの接触により二つに折られてしまった。そして一時姿を消していたが、今は場所を移して、300mほど南の六角堂長光寺の門前に、修復された姿を見せている。この一本の道標の短い歴史を見ても、戦後の歴史の転変を見る思いがする。即ち道標としての役目を終えて静かに路傍に佇んでいた時代、そしてそれが損傷しても誰も振り向かなかった時代、そしてやがて文化財としての価値が再認識された時代と、変わってきた。

＊

私はこの道標に誘われて、この街道を調べてみた。いろいろなことがわかってきた。江戸時代は五街道に次ぐ付属街道としての位置を占め、将軍はじめ諸大名の通行、朝鮮通信使・

琉球使節の通行、献上鮎鮨《あゆずし》の通行、南蛮渡来の象の通行等々、興味深い史実が次々に出てきた。今まで何気なく通ってきた道が大変な重みをもって迫ってきた。閑を見つけてはこの道を歩き、やがて東海道の熱田から中山道の垂井に至る一本の道、即ち美濃路がつながった。こうして私は昭和60年（1985）に『美濃路――熱田宿から垂井宿まで』を上梓した。その時まで部分的に美濃路を書いたものはあったが、全行程を統一的に叙述したものは初めてだったと思う。

＊

それから30年余が経過した。この間、歴史的遺産の見直し、東海道ルネサンス運動、古街道ウォーキングブーム等々、人々の意識もモノからココロへと変化した。消滅しかけていたものが最後のところで救われた思いがする。

このたび気鋭の研究者が、新しい視点から今日的息吹を美濃路に吹き込み、写真を多く採り込み、興味深い一書をまとめ上げてくれた。これを見ると、道は拡幅・舗装され、分岐点には案内標示、沿道の文化財には説明板が建てられ、全般的にきれいになった。人々の古街道への関心が高まったように思われる。

＊

しかし文化財の保護というのはむつかしい。ただお金をかけてきれいにすればよいというものではない。歴史が育み、歳月が培った風景まで無くなったら台なしである。風雪に耐えてきた街道、長い歴史を刻んできた宿場、沿道にひっそりと佇む寺社等々、その背後にある歴史を大切にしなければ意味はない。風景に歴史を重ねると奥行きと厚みをまし、新しい視点が開ける。そしてそれを味わうのには、街道は歩くに限るというのが私の持論だ。車では見えないものが見えてくるからである。本書を携えて美濃路の歴史散歩をお勧めする。

街道今昔 美濃路をゆく◉目次

清須城跡
（出典：『名区小景』）名古屋市鶴舞中央図書館所蔵

稲葉駅
（出典：『名区小景』）名古屋市鶴舞中央図書館所蔵

起川
（出典：『名区小景』）名古屋市鶴舞中央図書館所蔵

揖斐川の佐渡常夜燈から伊吹山を望む

名古屋を中心とした尾張の諸街道

日下英之

本題に入る前に名古屋を中心とした尾張の諸街道を概観しておこう（12～13ページの地図参照）。

近世の大きな都市には人や物が出入りする交通上の口があった。「京の七口《ななくち》」とか「鎌倉七口」というのがよく知られているが、名古屋にも「名古屋の五口《ごくち》」といわれた主要な出入り口があった。南のほうから時計回りに熱田口・枇杷島口・志水口・大曽根口・三河口がそれである。志水口など清水口として今日まで地名として残っている。

城下町名古屋の交通上の中心は、碁盤割り街区の真ん中の「札《ふだ》の辻《つじ》」であった。本町通と伝馬町筋の交差する所である。ここから東西南北に街道が延びていたのである。

第1に熱田口。ここは日本の東西を結んだ大動脈東海道へ通じる口である。本町通を南下し、橘町の大木戸をぬけ、熱田神宮の南で熱田宿に着く。東海道五十三次の41番目の宿場。江戸へ89里、京都へは七里の渡しを経て37里を数えた。東海道最大の宿場であった。七里の渡しの船路《ふなじ》を嫌う人は、東海道のバイパスであった佐屋路を利用した。経路は古渡から西へとり、岩塚・万場・神守《かもり》・佐屋まで4宿、6里。佐屋から桑名までの3里の渡しを合わせて9里の里程であった。

第2に枇杷島口。ここを通る街道は美濃路。東海道熱田宿と中山道垂井宿を結ぶ7宿、15里の街道。名古屋はこの街道の一宿であり、前述の札の辻はその中心であった。堀川に架かる伝馬橋を渡り、北上して樽屋町の大木戸をぬけ、押切を経て枇杷島橋を渡り、次の清須宿へと通じていた。将軍の上洛路であり、朝鮮通信使、琉球使節の通行路でもあった。

媒社

OKS 東海の街道 1

日下英之

迫今昔美濃路をゆく

ISBN978-4-8331-0177-6 C0025 ¥1600E

1918728030000022

本体 1600円

B07220995541B

受注No.099541
受注日25年07月22日

2001134

9784833101776

清須を過ぎて四ッ家《よつや》の追分で岐阜街道が分岐するが、将軍家に献上された長良川の鮎鮨《あゆずし》が運ばれたのはこの道であった。

第3に志水口。現在の清水口から北へ延びていた木曽街道、別名本街道。味鋺《あじま》を通り、小牧・善師野・土田《どた》の三宿を経て中山道の伏見に到る道。里程はおよそ10里。尾張藩は信州方面への公用旅行にはこの街道の利用を勧めた。楽田《がくでん》からは犬山への道が分岐し、城主成瀬氏の通行が多かった。

第4に大曽根口。ここからは善光寺街道、別名下《した》街道が延びていた。碁盤割りの京町筋を東進し、通称佐野屋の辻を北に折れ、赤塚の大木戸をぬけて大曽根に入り、勝川・内津《うつつ》を経て中山道の大井宿に到る道。里程13里20町。商人とともに武士の通行も多く、善光寺参りの庶民はもっぱらこの道を利用した。また大曽根からは瀬戸街道も通じていた。

第5に三河口。ここからは岡崎街道が延びていた。名古屋の駿河町から八事・平針を経由して、三河の堤村へ出て宇頭《うとう》で東海道に合流した。家康が名古屋・岡崎間の近道として開いたといわれ、里程約7里。平針からは伊那街道が分岐し、赤池・伊保・足助を経て信州飯田に通じていた。明治以後飯田街道といわれているものである。

なお、この五口のほか、広井口（禰宜町から米野を経て烏森で佐屋路に合流する柳街道）、出来町口（末森・高針を経て三本木新田で伊奈街道に合流する中馬道）を加えて、「名古屋の七口」という場合もあった。

さてこの熱田口と枇杷島口をおさえているのが本書で扱う美濃路であり、この街道からも多くの支線が分かれていた。今まで述べてきた諸街道より規模は小さく、交通量もそれほど多くないが、それぞれ特色を持った街道であった。

名古屋寄りから見ると、新川から津島へ通じる津島上《かみ》街道。清須から祖父江を経て八神《やがみ》に至る八神街道がある。清須宿を過ぎると幕府への献上鮨の通った岐阜街道が分かれる。稲葉宿を過ぎ萩原宿へかかると幕府の巡見使の通行路であった巡見街道と交差する。ここ萩原からは竹鼻を経て大垣に通じる竹鼻街道（別名駒塚街道）もある。またこの地域は洪水の被害も多く、それを避けて揖斐川の堤防を進み大垣を通らず中山道に至る大島堤道（別名紀州街道）、交代寄合《こうたいよりあい》高木家が参勤交代に利用した多良街道など、興味深い街道もある。それらは74ページ以下の「美濃路の支線」に詳しく述べてある。

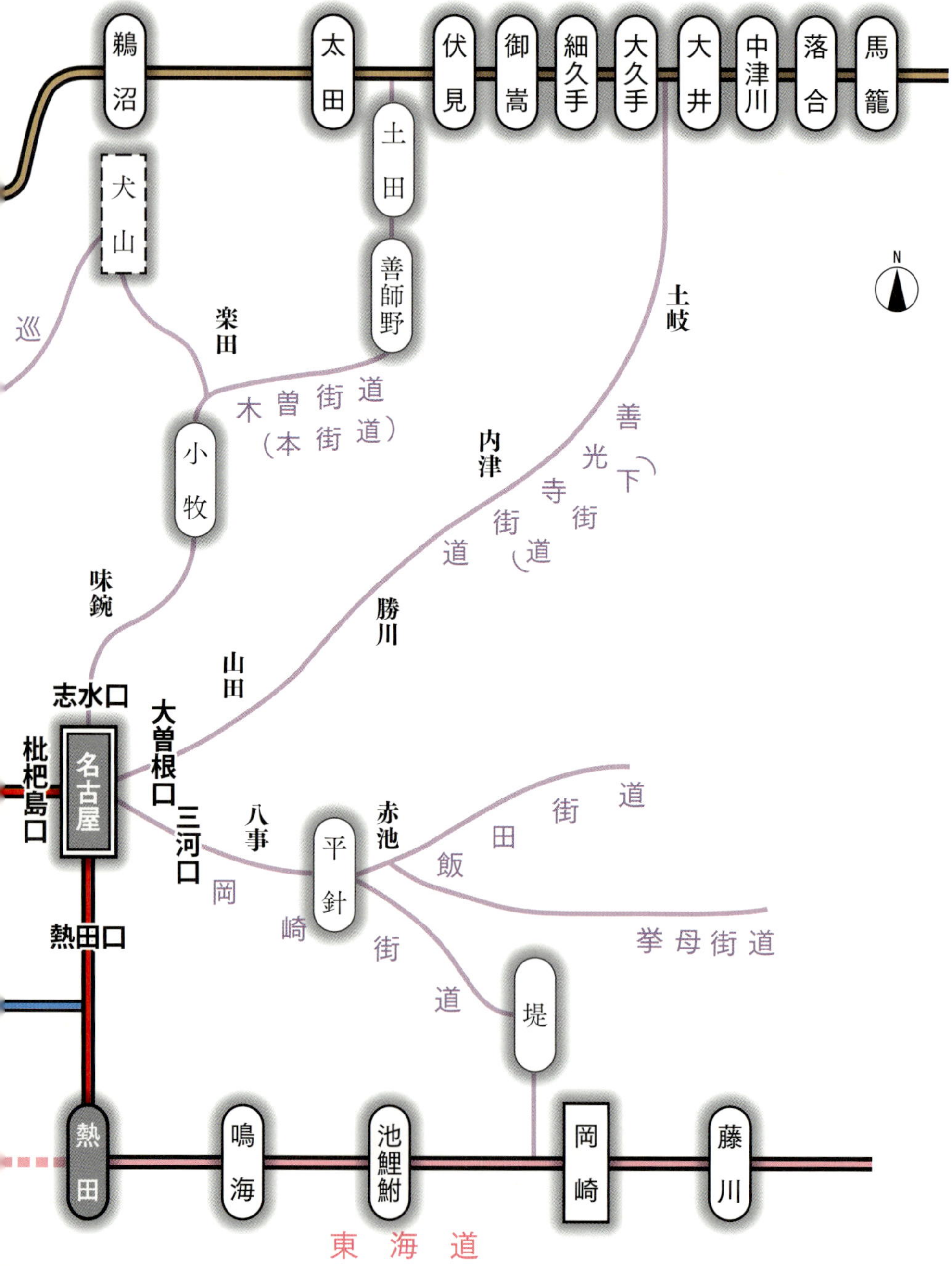
鵜沼
太田
伏見
御嵩
細久手
大久手
大井
中津川
落合
馬籠
犬山
土田
善師野
楽田
土岐
木曽街道
（本街道）
小牧
内津
善光寺街道
（下街道）
味鋺
勝川
山田
志水口
大曽根口
名古屋
枇杷島口
三河口
八事
赤池
平針
飯田街道
挙母街道
岡崎街道
熱田口
堤
熱田
鳴海
池鯉鮒
岡崎
藤川
東海道

名古屋を中心とした尾張の諸街道図

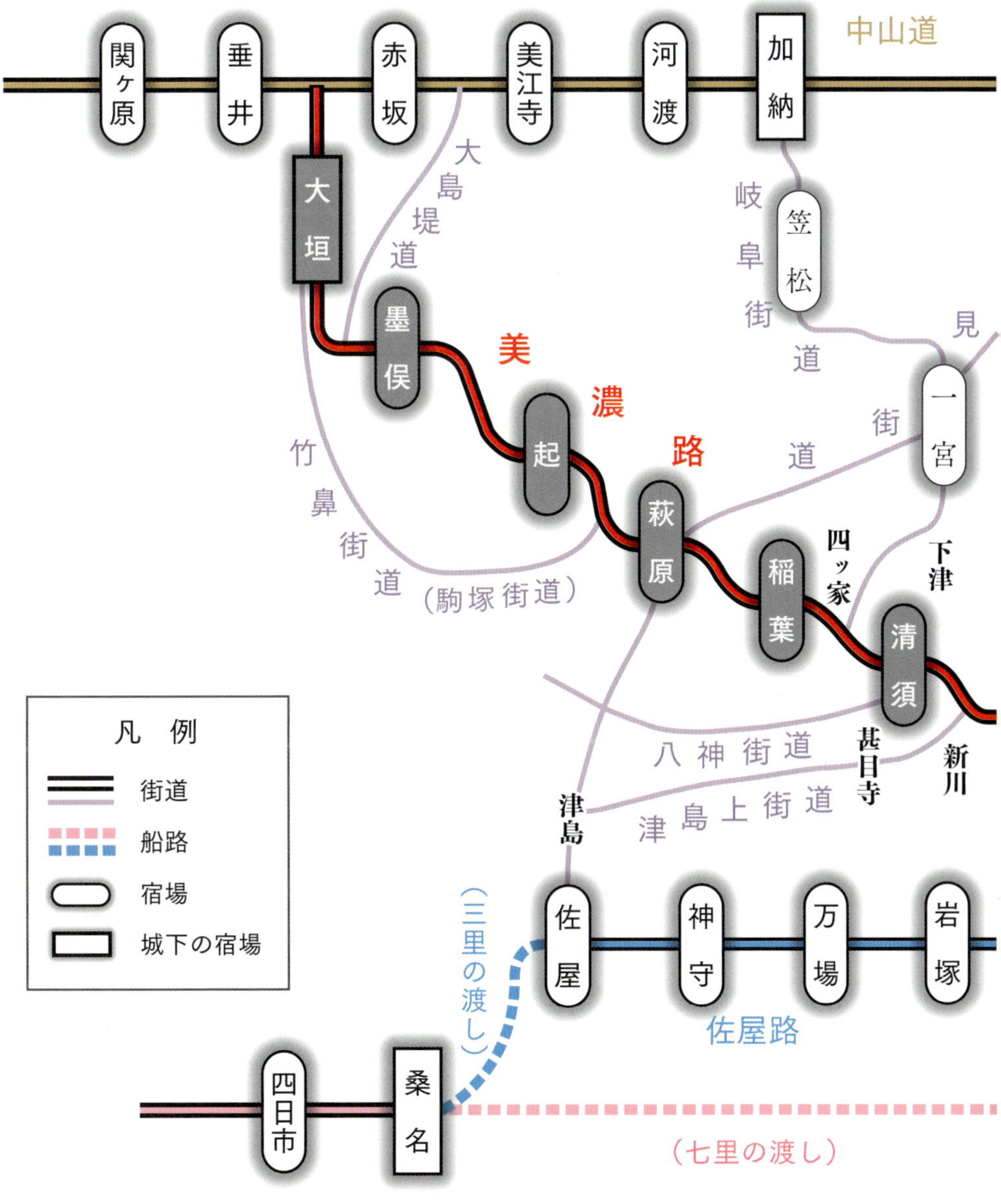

枇杷島橋風景（『尾張名所団扇絵集』）伊藤正博氏所蔵

枇杷島霜朝（昭和初期）浅見香城『新版 名古屋名所図会』伊藤正博氏所蔵

美濃路への誘い

宮川充史

江戸時代の街道と美濃路

美濃路は江戸時代、尾張国東海道宮《みや》宿（熱田）と美濃国中山道垂井《たるい》宿を結んでいた約15里の街道である。道中には名古屋、清須《きよす》、稲葉《いなば》、萩原《はぎわら》、起《おこし》、墨俣《すのまた》、大垣《おおがき》の7つの宿駅が設置されていた。

もちろん、道は垂井や熱田で終わるわけではない。垂井から先の中山道を進めば草津で東海道と合流し京に通じる。熱田より東海道を東に進めば江戸である。つまり、美濃路は江戸と京大坂を結ぶ道の一部を担っている。美濃路という区間でなく、東海道宮宿から東海道草津宿に合流するまでを含み美濃路廻りと理解した方がよい（図1）。

さて、江戸と京大坂を行き来する際には中山道を利用しない場合、主に3つの行程がある。①東海道をそのまま移動する行程、②東海道の七里《しちり》の渡しを避ける佐屋路ルート、③美濃路廻りである。熱田から草津までの距離は東海道を利用すれば31里余（佐屋廻り40里余）、美濃路廻りで31里半余であり、距離では伊勢廻りと美濃路廻りに大差はない。

三都（江戸・京都・大坂）

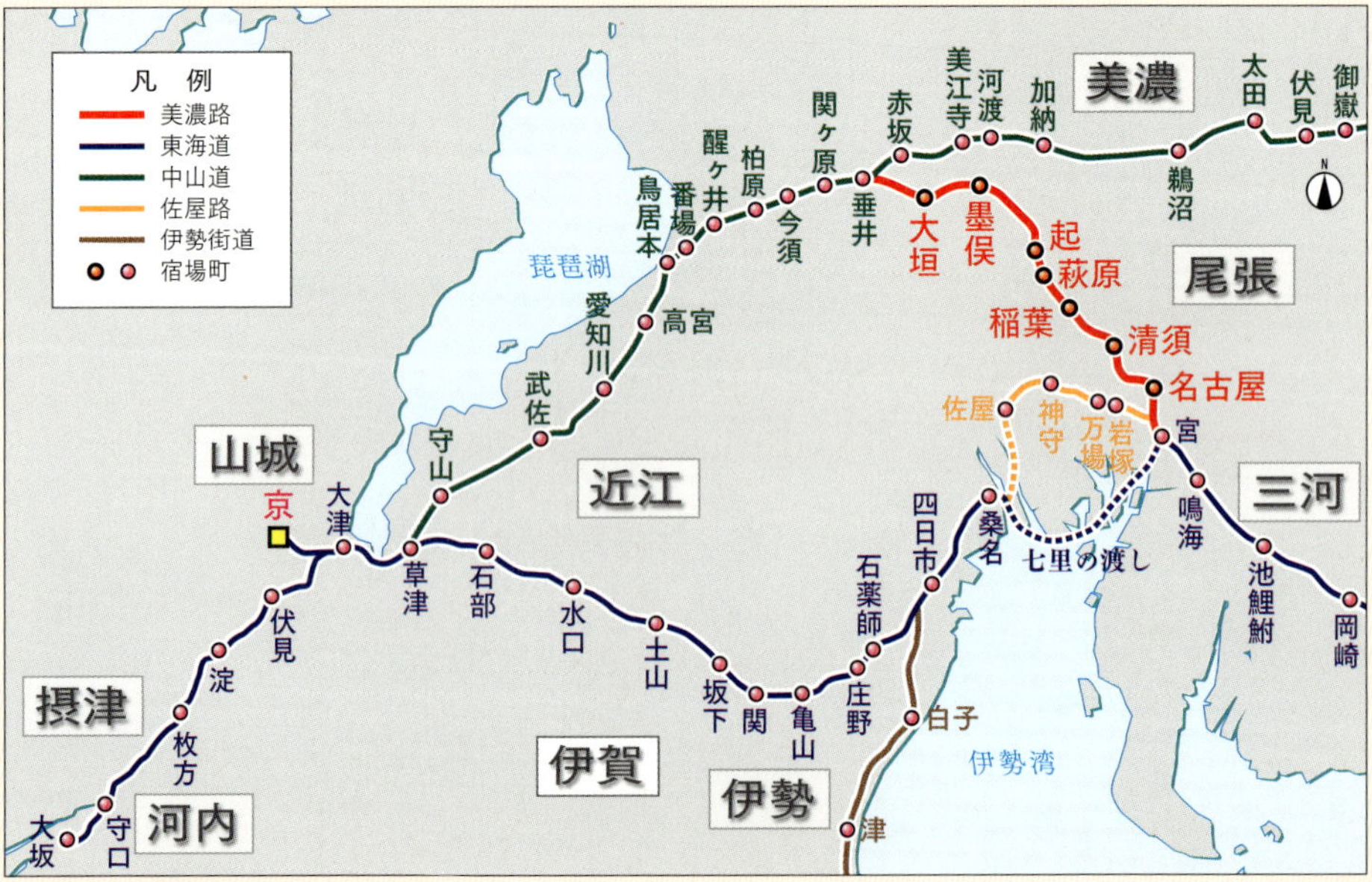

図1　東海道と美濃廻り地図

を結ぶ東海道は幕府の最重要幹線道路であり、佐屋路や美濃路廻りはあくまでも東海道の支線である。七里の渡しは順調ならば3時間程度で宮と桑名を移動できたが、熱田の海は浅く、途中で船を乗り換える必要があった。また、潮位によっては航路距離が長くなった。七里の渡しは難所のイメージがあるが、難所は名所でもある（図2）。晴れた日ならば、海からの景色は絶景であったことが数々の紀行文からわかる。七里の渡しを避けるバイパス幹線である佐屋路は美濃路と同じく道中奉行管轄の街道で交通量も多く、重宝された街道であり、文久3年（1863）の徳川家茂《いえもち》上洛や明治天皇の東幸にも利用された。欠点は岩塚、万場《まんば》、神《か》守《もり》を経て佐屋まで6里余の陸路と佐屋から桑名まで3里の渡しを含めると距離が七里の渡しよりも長くなった。また、七里の渡しほどではないが、かなりの時間で船旅があった。

　美濃路廻りのメリットは七里の渡しや鈴鹿峠を避けることができる点である。

図2　七里の渡し

実際に美濃路廻りの行程を歩けば、すべてが陸路（渡船による渡河も陸路の一部である）で今須峠と摺針《すりはり》峠という小さな峠はあるが、山道がほとんどなく平野であることに気づく。朝鮮通信使、琉球使節、御茶壺、そして、長崎から江戸に送られた象は美濃路廻りの行程である。陸路の美濃路廻りは最も安全なルートであった。しかし、美濃路やその先の中山道垂井宿から守山宿まで人馬数は東海道の半分50人50疋で、休泊施設も本陣・脇本陣が各一軒という宿駅が多数で、旅籠屋は東海道の平均的な数の半分にも満たない宿駅が多い。参勤交代の大名に限れば西国大名の多くは東海道を利用している。

　どの道も一長一短であり、どの道が適しているかは旅の上り（上方方向）、下り（江戸方向）や旅の種類、旅行者の身分等、その時々によって異なる。

図3　東海道中山道追分（草津宿）

鎌倉街道から美濃路へ

　東海道（尾張）と中山道（美濃）を結ぶ美濃路のような役割を持つ街道はいつ

図5　鎌倉街道中世東海道地図
葛飾区郷土と天文の博物館特別展図録『古代東海道と万葉の世界』（2011年）に掲載の「中世の東海道」を一部編集

頃形成されたのであろうか。東海道と中山道の原点は古代律令時代の東海道と東山道にある。古代東海道は江戸時代の東海道と同じく伊勢から尾張に続いており、東山道も江戸時代の中山道と同じく美濃を東西に貫通して信濃に続く。しかし、尾張と美濃を結ぶ交通路の存在がわかる8世紀の木簡等も出土していることや、承和2年（835）には墨俣に渡船場もあった等、七道の道筋に関係なく、尾張と美濃を結ぶ街道が古代のかなり早い時期に形成されていたことが多くの研究成果で指摘されている。

11世紀中頃成立の『更級日記』では作者の菅原孝標《すがわらのたかすえの》女《むすめ》は鳴海《なるみ》から墨俣を経て、野上（関ヶ原町）までを陸路で移動しており、平安中期には尾張・美濃を通じて京に入る街道がメインロードとなっていた。この道筋が中世の東海道であり、尾張や美濃地域では鎌倉街道と言われる（図5）。鎌倉から南北朝室町時代にはこの道筋を「海道」と記した史料もある。源頼朝が鎌倉に武家政権を建て、京都への上洛を機に街道筋に多くの宿駅が設置された。鎌倉街道の道筋は消滅した箇所も多いが、美濃路と重なる部分も多く、美濃路が鎌倉街道を継承して形成されたことは確かであろう。しかし、鎌倉街道と美濃路の大きな違いは美濃路が清須から稲葉、萩原、起を経て美濃に入るのに対し、鎌倉街道は下津《おりつ》、一宮、黒田を経て玉ノ井から木曽川を渡り美濃に入る点である。

江戸時代の美濃路のルートの形成は豊臣政権期に確認ができる。天正18年（1590）の小田原出兵では起（起川）と萩原（萩原川）に船橋が架けられた。さらに、関白豊臣秀次《ひでつぐ》が尾張を領有していた文禄3年（1594）には熱田から垂井までに伝馬制が敷かれており、清須、墨俣、大垣が宿駅となっていることからも、豊臣政権後期には美濃路は形成されていた。関ヶ原合戦では福島正則等が萩原、起を越えて美濃に攻め入っている。

美濃路の宿駅の成立と結びついているのが、徳川家康の関ヶ原凱旋である。慶長5年（1600）に関ヶ原から江戸に凱旋する家康が美濃路を通り、その時、起、萩原、稲葉が宿駅となったというもので、江戸時代後期の地誌『尾張志』に記されている。しかし、家康は関ヶ原から大坂に向かっており、江戸への帰国は『当代記』によると、慶長6年12月であり、大垣から岐阜、加納を経て江戸に戻っている。美濃路の七宿には東海道や中山道のように宿駅の成立を示す伝馬朱印状がどの宿駅にも現存しておらず、各宿駅の成立は明確ではないが、江戸と上方を結ぶ東海道や中山道に宿駅が整備される中で豊臣政権期の伝馬制を維持する形で美濃路の宿駅も整備されたと考えられる。

美濃路の風景

濃尾平野を突き抜ける美濃路は尾張側が宮宿から起宿まで約7里半あり、平野の中を道が続いている。美濃側は河川が多く、起宿から垂井宿までの約6里半の区間は多くが輪中地帯であり、起川（木曽川）、小熊川（境川）、墨俣川（長良川）、佐渡《さわたり》川（揖斐川）の4つの渡船がある。また、通常は小川である大谷川や及川は頻繁に洪水する河川であった。

美濃路は約15里余の短い街道ではあるが、本書で紹介するように古代から近代までさまざまなエピソードが残る街道である。また、道中からは伊吹山に代表される美濃の山々、木曽三川など山河が作り出す自然の景色も豊かであり、とくに冬は晴天で空気が澄んでいれば、雪化粧をした伊吹山や養老山地、奥揖斐の山々、遥か遠くの御嶽山も見ることができる。現在でも美濃路からは伊吹山がよく見える。高い場所でなくても、家と家の間からも時折、姿を見せてくれる。現在よりも建物が少なく、空気も澄んでいた江戸時代には美濃路からは常に伊吹山が見えたであろう。

儒学者の頼山陽《らいさんよう》は寛政9年（1797）に広島から江戸に遊学のために旅に出て美濃路を旅している。3月12日に広島を出発し、28日墨俣宿に宿泊し、翌日熱田を目指した。その時の紀行文『東遊漫録』には道中での印象を書き残している。

洲股の大河をこへ、岐阜の城跡を左の方にのぞむ（中略）不破より洲俣・尾越の辺へ出れば、大野きわめて豁達にして蒼莽天に連る間百里も隔らんとおぼしき所に、波涛のごとき遠山烟霞春靄の裡に層々畳々とたなびく。北の方を望めば雪を戴て其頂大青に挿むものは加賀の白山、越中・越前の山々其膝をめぐる。東の方を望めば、色黒くけわしく見ゆる山々極めて多し。其最高上に頭九ツの遊龍の天に横る様に見ゆるものは。木曽御岳也（中略）然は誠に此辺の望は、広博雄壮におほひには、たぐい稀な壮観なり

頼山陽が『東遊漫録』を執筆したのは江戸に到着後であり、当時の日記を見たり、思い出しながら執筆しているようである。ここに記された景色を具体的にどこから見たのかは定かではないが、境川の堤防や起の渡船場付近からも山陽が見た景色は堪能できる。美濃路から見える山々は、石灰採取で人工的に掘削された金生山《きんしょうざん》を除けばほとんどかわらない。

　また、山陽は関ヶ原では茶屋の主から合戦の話を聞き、尾張では地元の人から小牧長久手の合戦や、戦国武将の生地に関する説明を受けている。川中島合戦や本能寺の変等、多くの漢詩を制作した歴史好きの山陽にとっては美濃路の旅は楽しいものであったと想像できる。美濃路の道中には戦国武将に関わる史跡も多い。大垣や墨俣、清須、名古屋等、戦国織豊期を描いた物語には必ず登場する地である。なお、山陽はその後、何度も美濃尾張を来訪しており、墨俣や大垣には関連の史跡もある。

美濃路概観

　美濃路の宿場や渡船といった紹介は後に譲るとして、ここでは熱田から垂井までを概観し、その途中にある名所や史跡をいくつかピックアップしてみたい。

1　熱田から名古屋へ

熱田神宮と鳴海潟

　美濃路は東海道宮宿（熱田）から分かれ名古屋に通じる。この区間は1里半あるが、熱田の町続きで名古屋城下に至った。東海道と美濃路の追分の道標から北に位置するのが三種の神器の一つ草薙剣を祀る熱田神宮である。この熱田神宮前の付近を歩いていると、熱田神宮に向かってやや土地が高くなっていることがわかる。この付近が名古屋台地の先端部分（「象の鼻」と言われる）であったことからである（図6）。古代において熱田神宮は伊勢湾に突き出た岬に鎮座していた。

　近世東海道は熱田から鳴海までは陸路で移動が可能である。しかし、中世鎌倉期までは熱田神宮の前は満潮時は海水で満ちており、鳴海に向かうには干潮時の干潟を歩く。平安中期の更

級日記や鎌倉時代の紀行文（『海道記』、『十六夜日記』）にも干潮時に渡ったことが記されており（表1）、鳴海潟は旅の難所・名所として登場する。室町期には海退が進み、道はしだいに海から離れていった。

美濃路は熱田神宮の西側の国道19号線沿いを名古屋に向かって続いている（図7）。その途中には東海地方最大級の前方後円墳である断夫山《だんぷさん》古墳や日本武尊の陵墓と伝わる白鳥《しろとり》古墳があり、造られたのは5~6世紀とされる。これらの古墳も名古屋台地の先端部分に位置しており、古墳の眼前は海であった。白鳥御陵への道標の近くに源頼朝の生誕地と伝わる誓願寺がある（図8）。頼朝の生母は熱田大宮司藤原季範の娘で、大宮司の館がこの誓願寺付近と伝わる。頼朝は熱田社を「外戚之祖神」と位置づけ、上洛の度に参詣し、鎌倉の

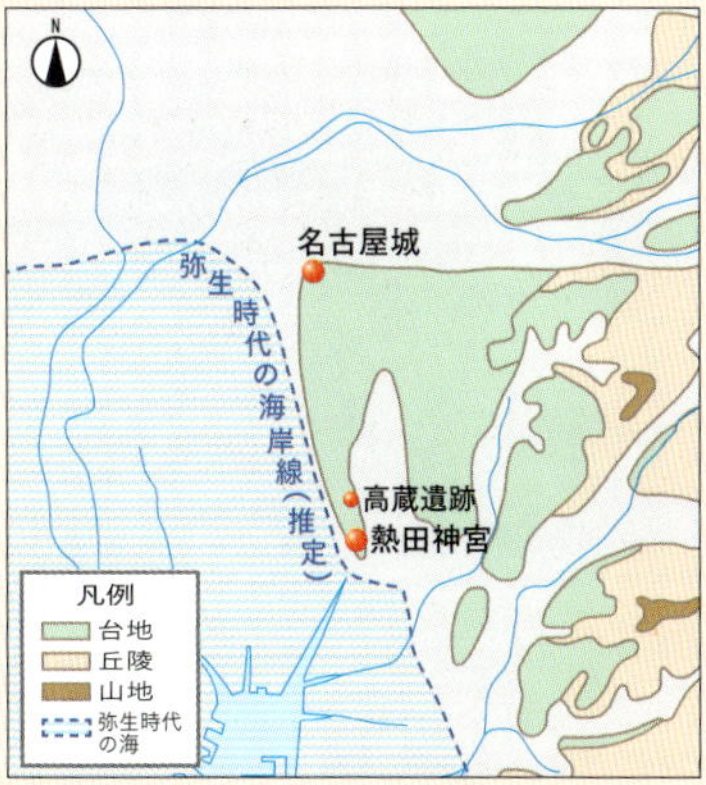

図6　熱田神宮と周辺の地形

表1　古典にみる熱田の記述（出典：『新日本古典文学大系』岩波書店）

出典	成立	熱田に関する記述
『更級日記』	平安中期（11世紀中頃）	「鳴海の浦をすぐるに、夕潮たゞみちにみちて、今宵やどらむも中間に、潮みちきなば、こゝをもすぎじと、あるかぎり、はしりまどひすぎぬ」
『海道記』	鎌倉前期（13世紀前半）	「此（鳴海）浦ヲ遥ニ過レバ、朝ニハ入塩ニテ、魚ニ非ズハ游グベカラズ、昼ハ塩干潟、馬ヲハヤメテ忩行（中略）猶コノ干潟ヲ行バ、小蟹ドモオノガ穴ヨリ出テ蠢遊ブ」
『十六夜日記』	鎌倉後期（13世紀後半）	「潮干の程なれば障りなく、干潟を行折しも、浜千鳥いと多く先立ちて行くも（以下略）」

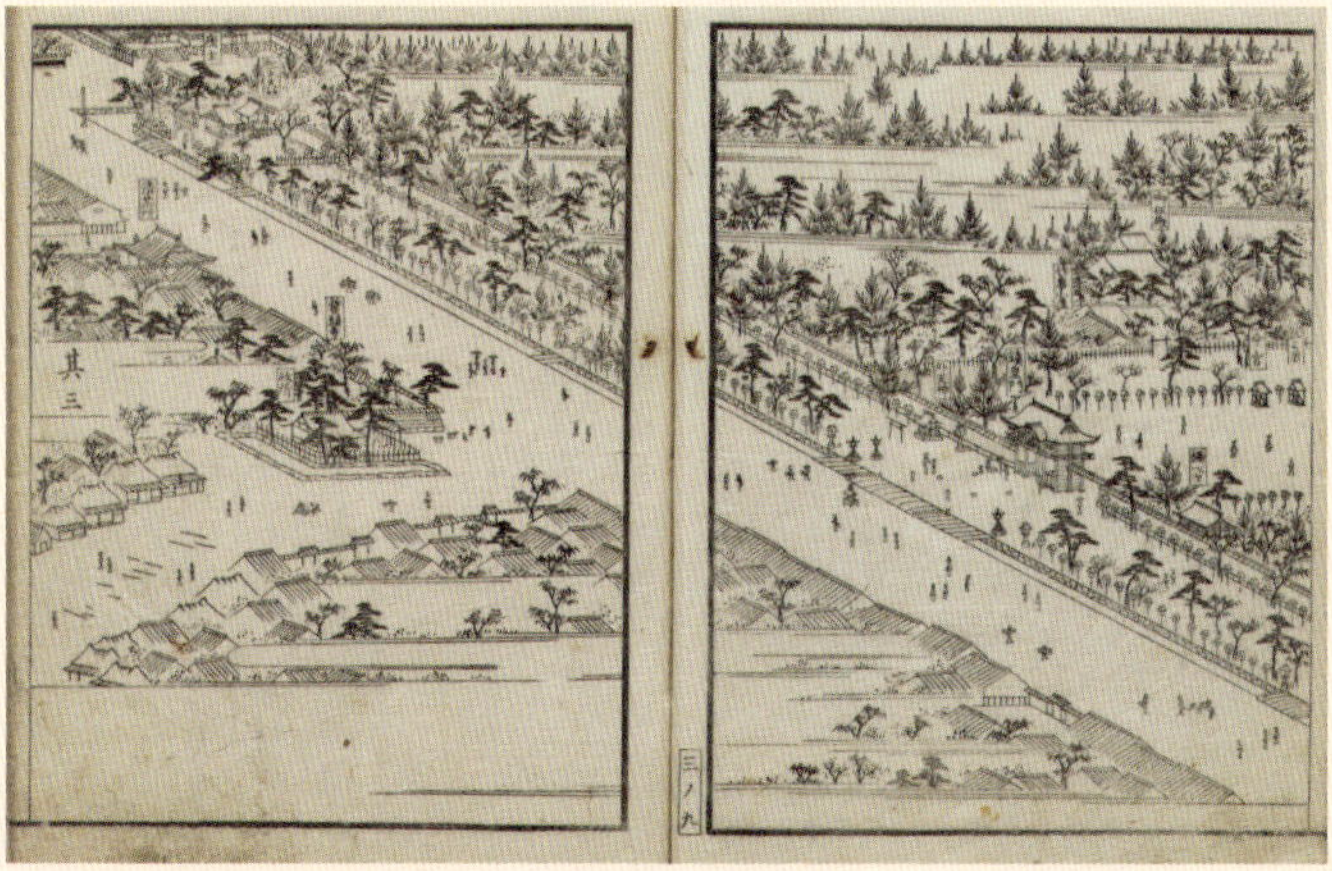
図7　熱田神宮全図（出典：『尾張名所図会』）

図８　誓願寺

鶴岡八幡宮にも熱田社を勧請している。

名古屋城下へ

熱田神宮を後にしてしばらく19号線を進むとJR金山駅の手前に佐屋路の追分に至る。交差点の南西に道標が残されている（図９）。

金山駅を過ぎさらに19号線を北に直進すると古渡《ふるわたり》に入る。古渡には一里塚があったが、その跡地は定かではない。しかし、『尾張名所図会』の古渡川口屋飴店の挿図には右側に一里塚らしい塚がある（図10）。古渡からは東別院、西別院、若宮八幡など寺社が多い寺社地となる。朝鮮通信使が宿泊した性高院もこの地にあった。本町通りに入り、伝馬町通りと交差する地点が札の辻跡である。名古屋の宿駅機能はこの付近の伝馬町・宮町・駿河町・富沢町の４町で担っていた。太平洋戦争下、名古屋は何度も空襲され、国宝だった名古屋城をはじめ市街地の多くが焼失しているが、城下町の名残は整備された碁盤目の町割りに残っている。

安政６年（１８５９）、越後長岡藩士河井継之助は備中松山の山田方谷《ほうこく》に弟子入りするため、江戸から東海道を通り西国に旅をしている。その途中名古屋に宿泊し、名古屋を見物したことが旅日記（『塵壺』）に記されている。

これ（熱田）より家続にて名古屋へ到る。門跡は大なり。本町に宿を取り、城の外郭より左へ廻り新馬場と云う所にて天守を見る。黄金の光、聞きしに勝事なし。しやちほこ（中略）金にて張り、望遠鏡にて見しに、鱗様なる処迄もわかる。日に

図９　佐屋路の道標

図10　古渡川口屋飴店（出典：『尾張名所図会』）

映じて輝き渡り、美事なる物なり、名空しからず、実に尾張の名物は是に留らん、城市の盛んなる、小江戸の様なる物なり

名古屋見物を終えた継之助は熱田に戻り七里の渡しで桑名に渡っている。継之助の知名度を全国的にした司馬遼太郎の『峠』は継之助が名古屋から美濃路を通り、墨俣で一泊の後、大垣に入り家老小原鉄心と会う場面があるが、『塵壷』には記されていないため、司馬の創作である。しかし、継之助は鉄心に強い感銘を受けており、当初は旅中に小原鉄心を訪ねるつもりであったことが親に宛てた書簡からわかる。10年後の慶応4年（1868）、継之助は尾張藩や尊敬する鉄心が育てた大垣藩と北越戦争で戦うことになる。

美濃路は伝馬町通りを西に向かい堀川を越え、川の西側を歩く。途中で五条橋があり、説明看板が建てられている。古い家並みや土蔵のある四間道は美濃路より一本西側に位置する。次の清須宿まで2里余である。庄内川に至るまでに江川一里塚跡がある（図11）。跡地に小さな看板があるだけである。さらに行くと名古屋城下と村を分けた大木戸跡、桶狭間に向かう信長が先勝祈願をしたとされる白山神社がある（図12）。白山の榎を神木としており、榎権現とも称される。『尾張名所図会』には「西国の諸侯方・琉球人などまで、みな当社に休息す」とあり、駕籠や鎗が立て掛けられている光景が描かれている。名古屋には本陣や脇本陣といった休泊施設はない。名古屋城下の境界に位置する白山神社は小休には適していたのであろう。白山神社を跡に西へ進むと庄内川に到着する。そこに旧枇杷島橋のモニュメントが残っている（図13）。

図11　江川一里塚跡

図12　白山神社（出典：『尾張名所図会』）

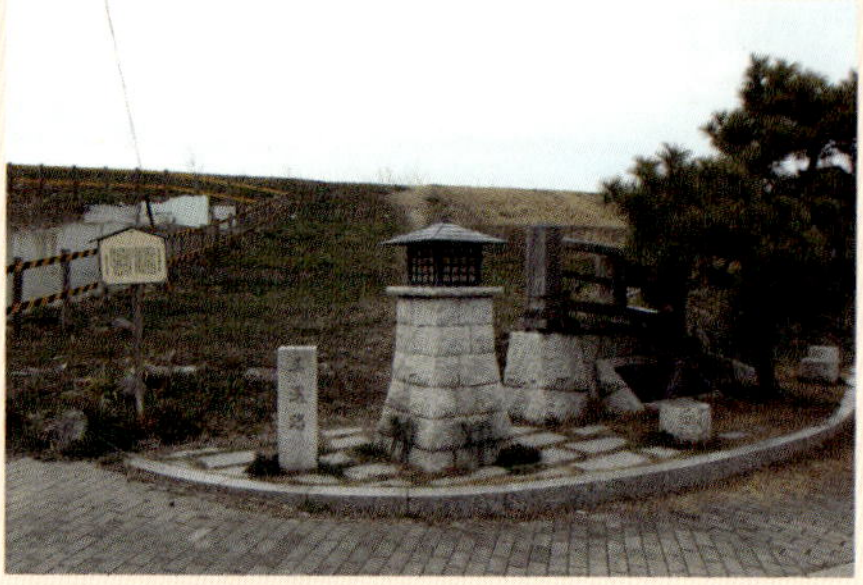

図13　琵琶島橋モニュメント

2　名古屋から清須へ

名橋枇杷島橋

相撲が庶民の娯楽となった江戸時代は番付が流行った時代でもある。温泉や名物などさまざまなジャンルの番付が発行された。その中に「日本大橋尽《づくし》」という全国の橋を番付したものがある。江戸時代には欄干の

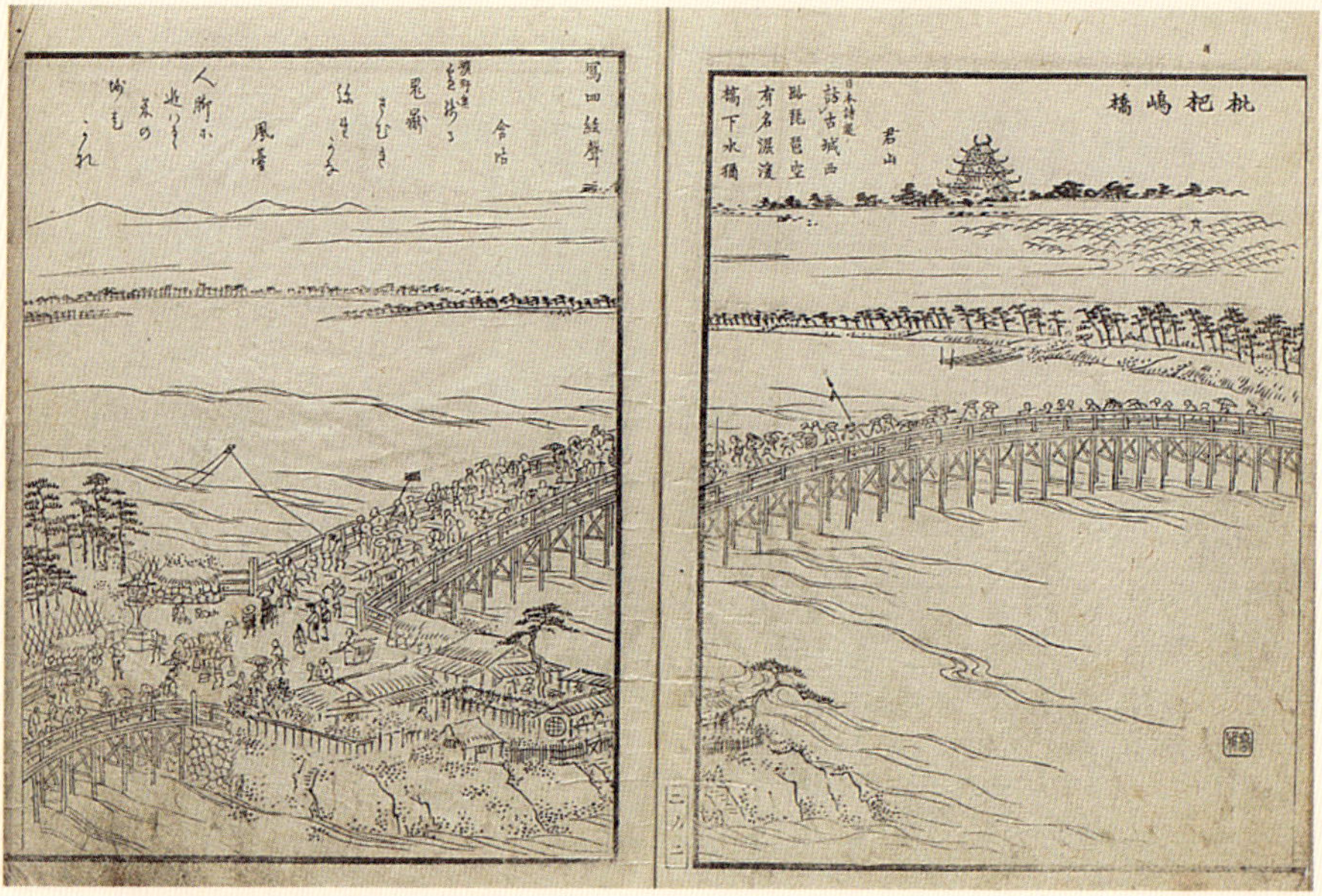

図14　枇杷島橋（出典：『尾張名所図会』）

ある木橋はその地域の名所でもあった。東の大関には岡崎の矢作橋、西の大関には岩国の錦帯橋であった。この番付には東の方の前頭に枇杷島橋もランクインしている。

庄内川に架かる枇杷島橋は川の中島を挟んで西（枇杷島側）に小橋、東（名古屋側）に大橋が架けられ、『美濃路宿村大概帳』では大橋が長さ72間、幅4間、小橋は長さ27間、幅4間であった。『尾張名所図会』（図14）や『名古屋名所団扇絵集』（本書14ページ）にも枇杷島橋が描かれている。『尾張名所図会』は西枇杷島方面から橋を描き、背景には名古屋城を描いている。『団扇絵集』では庄内川左岸、橋の南から枇杷島方面

を描いており、背景には東濃や飛騨の山々が描かれている。この橋からの眺望はよかったことが『尾張名所図会』に記されている。

　西国の諸侯方通行の官道故、往来常に縦横し、殊に当府の西なる咽喉なれば、市に出入の商人をはじめ、四方の諸人もみな此橋に輻湊して、実に肩摩の賑なり。又橋上より遠く四方を望めば、信州の御嶽・駒ヶ嶽・加州の白山・江州の伊吹山・勢州の多度山・濃州の養老山・金華山・恵那山・三州の猿投山・及び飛越二州の山々まで、すべて八箇国の俊秀四望の内に盡き、近く東南を望めば、金城高く雲表に聳え府下の萬家も一瞬に入り（以下略）（『尾張名所図会』枇杷島橋）

図15　枇杷島の町並み

図16　にしび夢大根モニュメント

西枇杷島の町並み

枇杷島橋を渡ると西枇杷島の町並みが新川まで続いている（図15）。西枇杷島の町並みに入る前に県道67号線を挟んで宮重大根を担ぐ人物のモニュメントが建っている（図16）。この姿は『尾張名所図会』の「青物市」に登場する。宮重大根は尾張の名産であり、江戸にも運ばれ江戸周辺で生産され、練馬大根となったともいわれる。

尾張名産の大根を売買していたのが西枇杷島の市場「下小田井市」であった。「下小田井市」では、尾張国内だけでなく周辺諸国からも青果が集積されて売買された。昭和30年（1955）に名古屋に移転されるまで続いた市場であった。現在は問屋の一つ山田九左衛門家を移築して問屋記念館として市の様子を展示している。

西枇杷島の町並みには屋根神様が多く祀られているのが特徴である。また、6月には尾張西枇杷島まつりがおこなわれており、各町内合わせて5輌の山車が出る。町のあちこちに山車蔵を見ることができる。西枇杷島の町並みをぬけ、新川橋を渡ると、津島上《かみ》街道の追分である。新川橋橋詰ポケットパークがあり、津島街道の道標碑や新川橋親柱、新川掘削頌徳碑がある。須ヶ口一里塚の跡を過ぎ、五条橋を渡ると清須宿である。

図 17　総見院

図 18　長光寺山門

3　清須から稲葉へ

清須から稲葉までは1里半である。清須から岐阜街道の追分までには総見院（図17）、長光寺（図18）がある。総見院は当初は総見寺という寺名で信長次男の信雄《のぶかつ》が信長を弔うために建立した。清須越《きよすごし》で名古屋に移転し、その後、跡地に建てられたのがこの総見院である。信長の兜が残されており、本能寺から出土したという。信長末裔の柏原藩織田家の家臣生駒主水と津田内蔵助がこの兜が確かに信長の兜である証明と、総見院に寄進された経緯を記した天明5年（1785）の書付も残されている。柏原藩は2万石の小藩ではあるが、信長の次男信雄の家系である。西国大名の参勤交代の多くが東海道を通るが、この柏原藩は美濃路を通ることが多い。

総見院より北は稲沢市である。県下でも有数の文化財の宝庫である。『尾張名所図会』にも描かれた長光寺は六角堂村にある（図19）。地蔵堂が六角の円堂となっていたことから通称六角堂といわれるようになった。長光寺境内には臥松水《がしょうすい》という井戸があり、信長はこの水を好んだという。門前に岐阜街道の追分

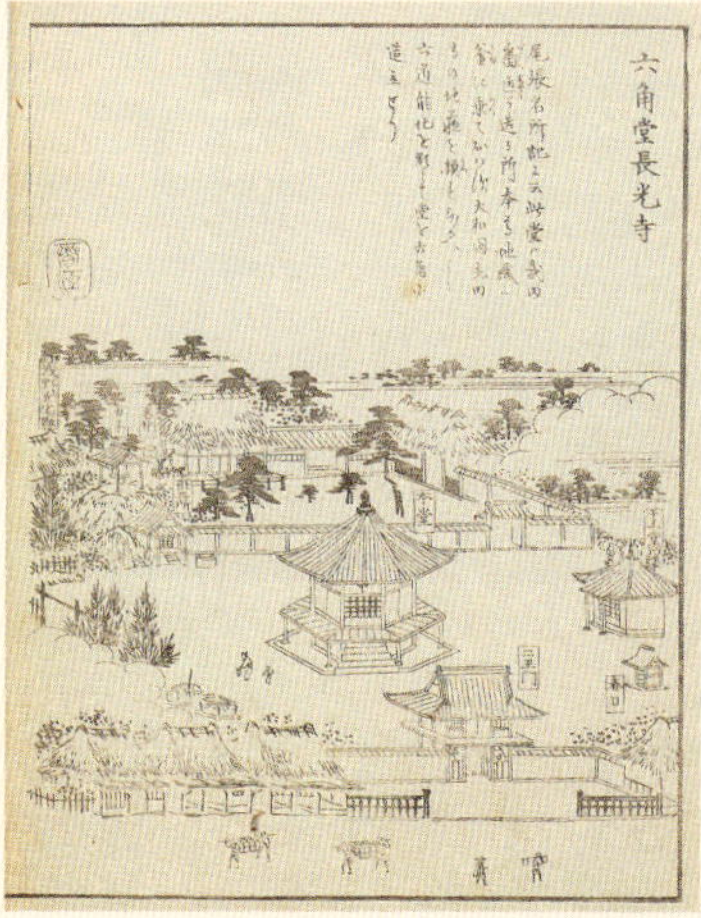

図 19　六角堂長光寺（出典：『尾張名所図会』）

図 20　岐阜街道追分道標

図21　丹羽盤桓子生誕地

道標があり（図20）、「右ぎふ并浅井道」、「左京都并大垣道」と刻まれている。追分は長光寺より300mほど北であるが、事故で破損したことによりその地から移設されている。この狭い道を抜けるとマンションの前の茂みには尾張藩の右筆《ゆうひつ》丹羽盤桓子《ばんかんし》生誕地の石碑が建てられている（図21）。

図22　長束正家邸跡

踏切の手前の北側に続く道が岐阜街道である。この付近は井ノ口村で四ッ家《よつや》ともいわれ、美濃路と岐阜街道の追分で茶屋もあり名物は饂飩《うどん》であった。

　岐阜街道追分から東に直線道路が続き、工場群の中を右にカーブして長束地区に入る。この付近は一面水田が広がっていたという。『尾張名所図会』には「千町田面」として紹介されている。「凡四方数里、目の及ぶ限り、山なく里遠くして、ことごとく水田なり、俗に奥田の千町田面といふ」と記されているが、現在は工場が多くその景観はまったくない。

　長束には豊臣五奉行の一人長束正家の邸宅跡の碑が多数の忠魂碑とともに立てられている（図22）。豊臣五奉行は石田三成、前田玄以《げんい》、長束正家、増田長盛、浅野長政の5名で、うち、長束、増田、浅野が尾張の出自である。日下英之氏の『美濃路』には長束の松並木の写真が掲載されている。現在その区間に松並木はないが、歩道に松が植えられている（本書39ページ）。やがて、国府宮の大鳥居が見えてくる。それを過ぎて県道を渡ると稲葉宿に入る。稲葉宿の町並みの手前には小沢一里塚跡の看板が建てられている。

4　稲葉から萩原へ

倭姫命の中島宮伝承

　稲葉宿から萩原宿までの距離は1里半である。稲葉宿を過ぎると西尾張中央道

図23　中島宮

図 24　長隆寺（出典:『尾張名所図会』）

が美濃路を分断しており、この付近のみ道筋も部分的に消滅している。西尾張中央道を過ぎて北に行くと一宮市の中島地区に入る。すでに旧萩原町である。やがて、中島宮の鳥居が見えてくる（図23）。この付近も『尾張名所図会』に描かれている。松並木の奥に描かれているのが長隆寺と神明社である（図24）。大正6年（1917）に中島村内の複数の社を合祀し八剣社となり、さらに昭和39年（1964）に社名を中島宮と改めた。中島宮となったのはこの地が元伊勢の一つとされる中島宮があったとされることからである。

　ここで、中島宮の伝承について記しておきたい。倭《やまと》姫命《ひめのみこと》（垂仁天皇皇女）が天照大御神を祀る場所を探して諸国を廻り、一時的に滞在し祀られた場所は元伊勢といわれる。その一つが尾張の中島宮であったとされる。もちろん、中島宮の候補地は萩原だけでなく、一宮市内でも北方の中島神明社、今伊勢の酒見神社、佐千原の坂手神社、真清田《ますみだ》神社別宮である浜神明社等複数ある。ところが、この倭姫命の伝承は平安時代と鎌倉時代で大きく異なる。倭姫命の巡幸を記した文献は『皇太神宮儀式帳』と『倭姫命世記』である。平安時代初期に編纂された『皇太神宮儀式帳』の方には美濃の伊久良賀宮《いくらがわのみや》（瑞穂市居倉）から伊勢に至ったのに対して、鎌倉中期に編纂された『倭姫命世記』になると元伊勢の場所が増え、その中に中島宮が加わるのである。

　この変容は伊勢神宮にとっての尾張の意義を示すものであろう。一宮市域には今伊勢町に本神戸や新神戸という地名がある。この付近は伊勢神宮の荘園が多いのが特徴で、中世には尾張の伊勢神宮領は増加したという。酒見神社は本殿が伊勢神宮を向いて建てられているなど伊勢神宮との関わりが強い。中島宮の伝承形成背景には平安から鎌倉にかけて伊勢神宮領の増加と関係しているように思われる。

　光堂川を渡ると道筋は右にカーブしており、狭い道が続く。その道筋を進むと高木一里塚跡に至り、さらに行くと萩原宿の加宿《かしゅく》である串作《くしづくり》に着く。串作には慶応元年（1865）の将軍家茂の進発時に家茂が小休した跡地がある。その地を過ぎると萩原宿の町並みに入る。

5　萩原から起へ

市川房枝の生家

　萩原と起の間は一里という短い区間である。萩原宿を後にして、日光川に架かる萩原橋を渡ると吉藤に入る。萩原橋も大正時代頃までは木橋で萩原の名所であった。吉藤は婦人運動家で参議院議員を務めた市川房枝の生誕地で現在は生家跡に看板が建てられている（図25）。房枝は明治26年（1893）に生まれた。幼少の頃はまだ松並木があったことを回想している。房枝は高等小学校時代の担任岩田よねに憧れていたという。愛知女子師範学校卒業後、大正2年（1913）朝日尋常高等小学校で教師となる。大正デモクラシーの風潮のもと、さまざまな分野での運動が展開され、それは東京だけでなく地方にも及んでいた。房枝は教育家下田歌子や実業家広岡浅子の講演を聞き、自分も上京して活躍したいと思うようになり、転任を希望するも県内での就業年数5年という義務のため、困難であった。「名古屋新聞」の記者を経た後、大正7年（1918）に上京する。翌年には新婦人協会を設立し、普選（婦選）運動を展開した。戦後は参議院議員となり、在職中の昭和56年（1981）に亡くなった。

図25　市川房枝生家跡

　房枝は自分の活動の原点は母親が父親に暴力を振るわれている姿だと回想している。房枝の父、市川藤九郎は酒やたばこは好まないが、気が短かく、母親に当たることが多かったという。母親たつは無学ではあったが、忍耐強く記憶力がよかったという。これだけの情報なら、父親は暴君に見えるかもしれない。しかし、藤九郎は教育の重要性は認識しており、女性にも学問が必要であり、「女らしく」という保守的な考えはなかった。そのため、房枝の進学にも反対していない。つまり、父親なくして市川房枝はいなかったのも確かである。

　市川房枝生家跡の北には孝子佐吾平遭難史蹟が残る。明石藩主が無礼討ちをしたという伝承が残る。この点は本書の「明石藩主無礼討ち事件の真相」を一読いただきたい（本書108ページ）。その先しばらく、細い道がまっすぐ続いており、300mほど歩くと右側に天神神社がある。江戸時代以前は日光川の川幅が広く渡船場があった。その渡し場が天神の渡しとされ、対岸にも天神社がある。

西萩原の交差点を過ぎ、さらに行くと、冨田一里塚が見えてくる。美濃路では13ある一里塚で唯一、両側に残る一里塚であり、国指定史跡となっている。一里塚は公園となっており、冨田地区にあった道標も移設されている。一里塚より少し北に歩くと駒塚道（竹鼻街道）の分岐点に至り、「駒塚道」の道標が残る。1kmほど歩くと祖父江線と合流し歩道橋が見える。この付近に木戸があり、これより起宿の町並みが続いていた。冨田の交差点より北が起地区である。1kmほどで起の渡船場に到着する。

6 起から墨俣へ

木曽川（起川）と文化人たち

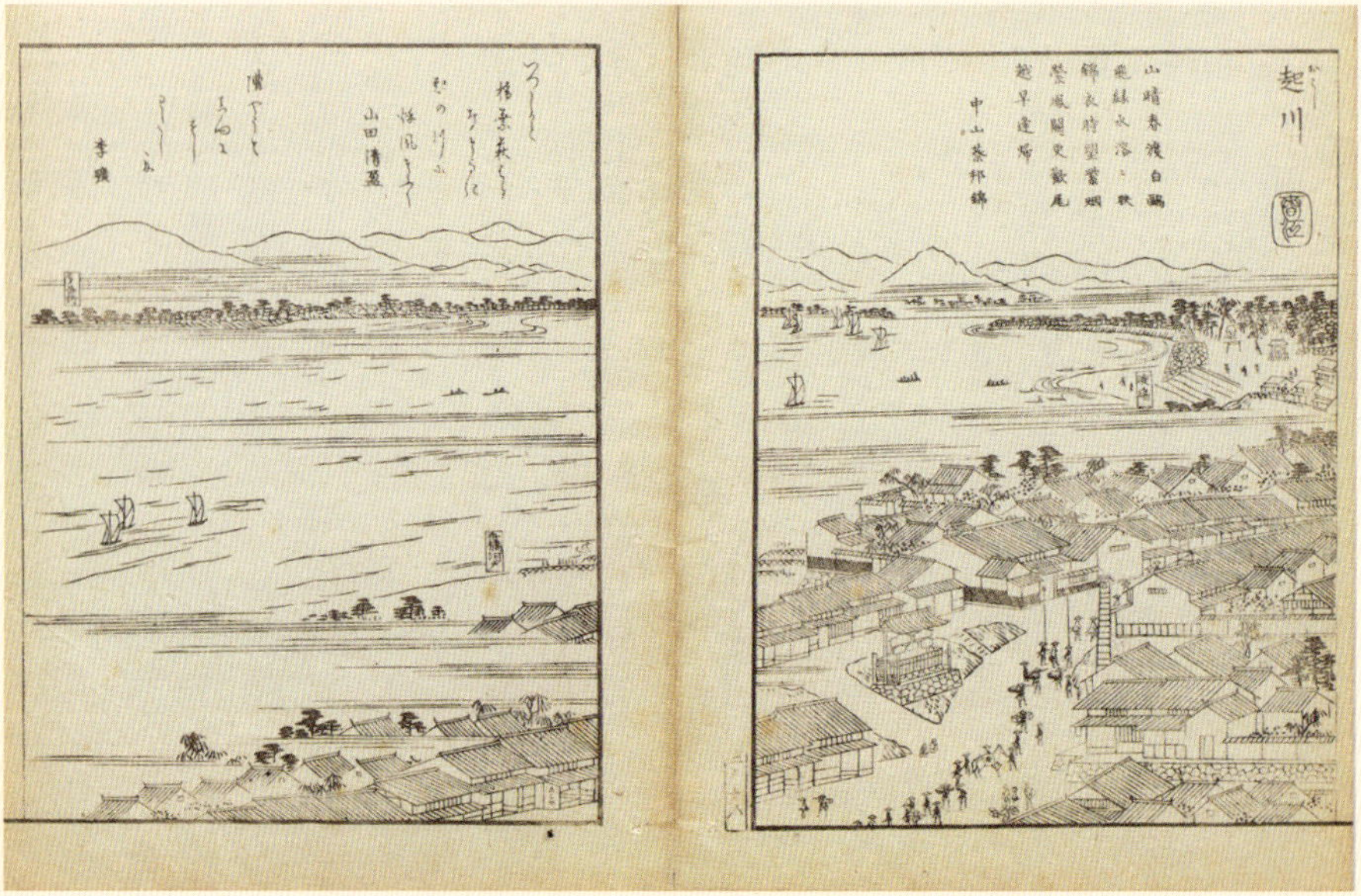

図26　起川（出典：『尾張名所図会』）

起から墨俣までは2里余の距離で起、小熊、墨俣という三つの渡船を有する区間である。起の渡船場跡からの木曽川の景色は見事である。とくに冬の晴れた日には伊吹山や養老山地の山々が雪化粧をして美しく見える。堤防からは御嶽山も見えることがある。濃尾大橋や堤防が構築されても、名所図会の風景は現在も残っている（図26）。江戸時代の著名な文化人たちも木曽川の風景に感激している。

寛政9年（1797）に広島から江戸に旅をした頼山陽は美濃路を通って、その記録を『東遊漫録』に記している。起川を渡った際には対岸が見えず、海に出たような印象であったとその川幅広さに驚きを隠しきれないでいた。

尾越川を渡る。いまだ知らざるものは其川なる事を信ぜず。先の岸になるものは山也や、木也や、岸也や、島也や、見へわかず。大海にのり出たるが如し。中流に至れば、こしかたの岸も又見えず。関東・西国・中国を尋れども。未だ此川のごときものを見ずとぞ

　頼山陽には大垣の江馬細香、墨俣の沢井長慎、森部（安八町）の後藤松陰等、美濃国内に多くの門人がおり、度々美濃を訪れている。

　幕末に大垣藩の家老を務めた小原鉄心は慶応2年（1866）の江戸参府時に記した旅日記「亦奇録」に「洲股ノ駅ヲ経テ小越川に到る、蘇峡（木曽川）ノ下流ニシテ、平沙奇白、湛流瑠璃之如ク碧シ、麗景掬ス可シ」とある。平沙奇白とは白い砂浜が一面のように広がっていることであろう。昭和30～40年代までは砂浜が広がり水泳場もあった。鉄心の見た木曽川はつい最近まで見られたのである。

　夜の月景色も美しかった。寛政5年（1793）4月15日には本居宣長が起宿本陣を務めている加藤磯足宅に宿泊している。磯足は本居門下を代表する門人であった。この日は月がきれいだったようで、夜まで学問について語り合い、歌会をおこなっている。宣長は「旅衣木曽の川辺に　宿りして　涼しき瀬々の　月をみるかな」と詠み、句碑が起の神明社に建つ（図27）。

図27　宣長歌碑

　宣長来訪より73年後、漢詩人小野湖山も慶応2年（1866）に起宿を訪ねて加藤豊恭《とよのり》（本陣）林通賛《みちひろ》（脇本陣）小信中島の吉田高遠等近隣の文化人たちと、木曽川に船を浮かべ、月を眺めて酒を飲み歌会をおこなっていた。吉田高遠はこの地域を代表する文化人であり、梁川星巌《せいがん》、森春濤《しゅんとう》などその交友は広かった。また、起宿本陣に異変があった際の退避所である抜《ひらき》本陣を務めていた。

　その吉田高遠の家に寄寓していたのが、画家で尊皇攘夷派の志士藤本鉄石である。藤本鉄石も起からの木曽川の風景を好んでいた。高遠の母の実家である起宿の横山三十郎家は木曽川に面していた。当時は現在のような堤防がなく眺望が美しかった。そこを夏木千章亭として鉄石は度々訪れていたという。鉄石が寄寓していた時期は明確ではないが、嘉永5年（1852）頃であったとされる。

　藤本鉄石は文久3年（1863）に天誅組の変で戦死するが、小信中島村内には吉田蘇川《そせん》、稼雲《かうん》という鉄石の弟子もいた。その画人たちを輩出した小信中島から生まれたのが洋画家三岸節子（1905－199

図 28　常夜燈

9）である。小学校時代には琴や裁縫を習うため、旧起宿の町並みにある師匠の家に通っていたが、裏を流れる川辺で魚を見る方が楽しく「琴や茶を習うのは附属」（『花より花らしく』）であったという。三岸節子も木曽川に魅せられた文化人であった。

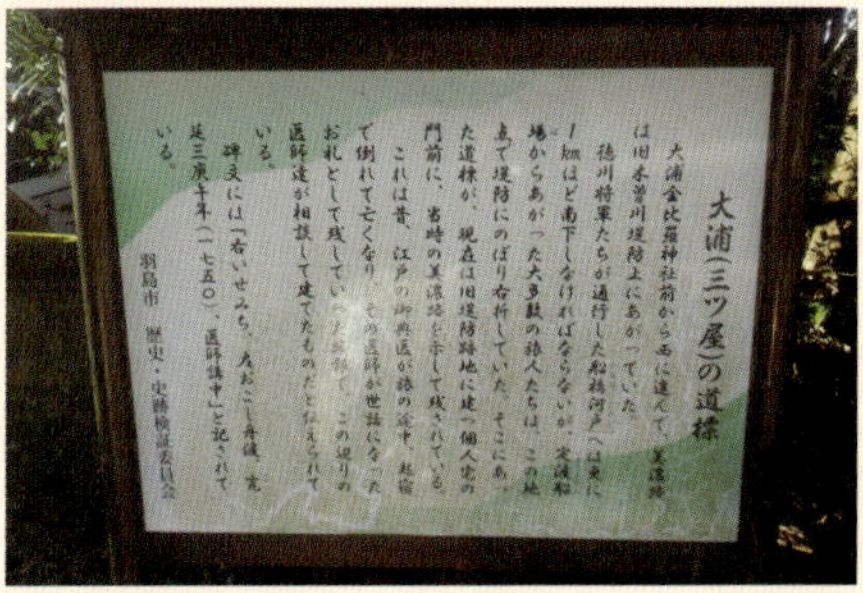

図 29　伊勢道道標の説明看板

輪中地帯へ

全長777mある濃尾大橋を15分程度歩き続ける。橋を渡り終えると右側の堤防上に常夜燈が見える（図28）。ここから700m程度堤防の下を歩くと大浦の金毘羅社に至る。これより大浦（正木）輪中堤内に入る。金毘羅社より西に行くと伊勢道の道標がある（図

図 30　及川の常夜燈

29）。朝鮮通信使は船橋による渡河のため、この伊勢道を南下して三ッ柳に至る。三ッ柳の稲荷社に船橋跡の石碑が残る。

伊勢道の道標から北にまっすぐ歩くと羽島市立正木小学校が見えてくる。小学校の敷地内に一里塚跡の石碑と看板がある。ここから道筋は曲線を描いて須

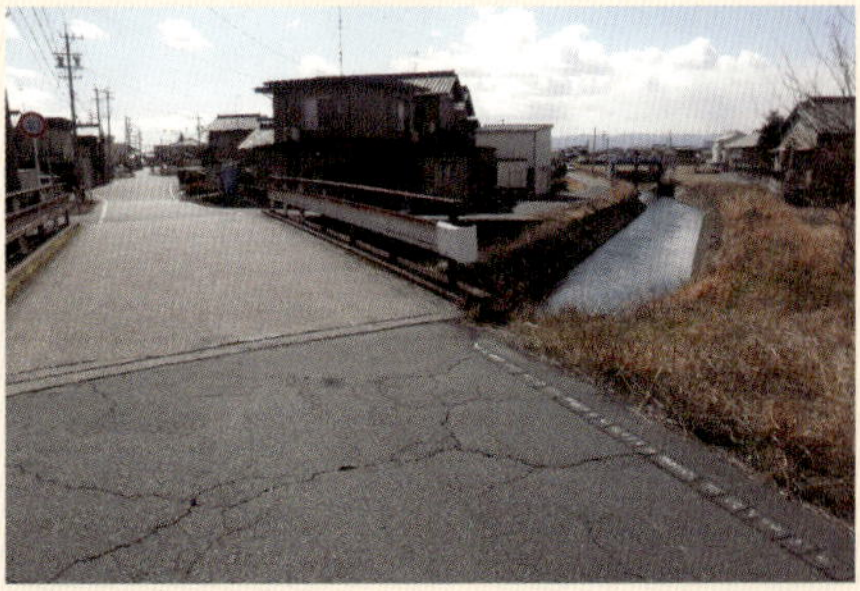
図 31　及ケ橋

賀に続く。笠松に続く県道の信号を渡ると及川《およびかわ》の常夜燈がある（図30）。名鉄須賀駅を越えると及川であり、及ケ橋が架かる（図31）。小さな川であるが、大浦（正木）輪中と小熊輪中を分ける川で、たびたび洪水も発生した。とくに寛政10年（1798）には大雨で境川や長良川の堤防が

図32　境川の堤防と伊吹山

決壊し、輪中堤内も湖水と化した。そのため、須賀から西小熊まで船で移動している。及川を越えると南宿村に入る。この地区には間《あい》の宿があり、大名等の小休に利用された。南宿の集落を抜けると県道1号線に出る。ここから境川の堤防に至るまでは区画整理のため街道が消滅している。小熊の渡船場までは境川の堤防上を歩く（図32）。

境川の堤防からも晴れた日なら伊吹山や御嶽山が見え、さらに川と花畑が一体となった美しい景色を散策者に見せてくれる。羽島市側は一面田が広がっている。川を挟んだ対岸は岐阜市旧柳津地区であり、横浜の三渓園で知られる原三渓（富三郎）の故郷である。三渓は17歳まで旧柳津町の佐波で暮らした。上京後は実業家となり、横山大観や前田青邨等の画家のパトロンとなった人物である。

堤防上に東小熊一里塚跡があり、さらに歩くと小熊の渡船場に到着する。小熊渡船場跡には橋が架けられ、その橋を渡り終えると長良川の堤防に出る。長良川と新犀川を渡ると墨俣である。

7　墨俣から大垣へ

間部詮勝寄進の御手水鉢

墨俣から大垣まで2里余、途中には佐渡川《さわたり》（揖斐川）を渡る。墨俣宿から佐渡渡船場までは輪中堤防上に道筋があり安八町に入る。その途中、堤防下に東結《ひがしむすぶ》の一里塚跡の碑が残る。輪中堤を歩き続けると結神社に到着する（図33）。結神社は創建が嘉応年間（1169～1171）とされる神社で、『十六夜日記』の阿仏尼や応仁・文明の乱で美濃に身を寄せた公家で古典学者の一条兼良《かねら》等、多くの歌人が和歌を詠んでいる。また、天正3年（1575）には織田信長が武田勝頼との長篠合戦を前に先勝祈願をおこなっている。結神社は江戸時代の中山道の名所を紹介した『木曽路名所図会』にも紹介されている。明治36年（1903）に揖斐川の河川改修で現在地に移ったが、それ以前は現在地より西に位置していた。

結神社には越前鯖江藩主が寄進した手水鉢が残されている（図34）。文政5年

図33　結神社

（1822）、当時の鯖江藩主間部詮勝の寄進によるものである。間部家は間部詮房が6代将軍家宣の側近として台頭し、大名に列せられ、幼年将軍であった7代家継の治世に絶大な権勢を誇った。8代吉宗が襲職すると左遷され、その後、息子詮言の代に鯖江に転封となった。歴代藩主は要職に就任することはほとんどない。そのため、参勤交代で江戸と鯖江を行き来していた。そのルートの多くは美濃路であり、美濃路には間部家の通行が頻繁に見られた。しかし、江戸後期の藩主間部詮勝は大坂城代、京都所司代を歴任し、水野忠邦の天保改革下に老中となる。その後、大老井伊直弼《なおすけ》のもとで2度目となる老中に就任する。日米修好通商条約の勅許を得るため上洛し、安政の大獄を実施した。やがて、直弼とも対立するようになり失脚する。

図34　鯖江藩主寄進の手水鉢

図35　大垣名古屋口

結神社から一番近い揖斐川橋を渡り、揖斐川を渡ると、佐渡渡船場の常夜燈が見えてくる。ここからは大垣まで大垣輪中内を通る。大垣城下に入る前に三塚の一里塚跡があるが、注意していないと見落とす可能性が高い。しばらくすると大垣城名古屋口に入る（図35）。大垣藩は譜代10万石戸田家の城下町であり、美濃に藩庁を置く藩の中では最大の藩であった。

8　大垣から垂井へ

養老への道　谷汲への道

大垣から垂井は2里半あり、美濃路の中で最も区間が長い。この区間に杭瀬《くいせ》川と大谷川が流れる。杭瀬川に架かる塩田橋を渡ると塩田の常夜燈がある（図36）。建立は明治13年（1880）で、「伊勢両宮献燈」と記されている。塩田は多良街道（養老街道）の分岐点でもあり、養老や九里半街道に通じていた。常夜燈近くには「従是養老公園道」と記された明治13年の道標があり、「高田まで二里、養老まで三里」とある。養老公園と命名されたのは明治13年であり、道標が公園設

図36　塩田常夜燈

立間もなく設置されたことがわかる。元正天皇が2度行幸した養老の瀧は『木曽路名所図会』にも挿図入りで紹介され、寛政8年(1796)には紀州藩主徳川治宝《はるとみ》、文化12年(1815)には青蓮院門跡、元治2年(1865)には日光門跡が江戸からの帰路に見物している。

養老は明治以降も西美濃随一の名所であった。それは明治33年(1900)発表の鉄道唱歌35番に「父やしないし養老の　瀧は今なお大垣を　三里へだてて流れたり　孝子の名誉ともろともに」とあり、大垣よりも養老を唄っていることから明白である。なお、昭和12年(1937)の新鉄道唱歌では養老に加えて桜の名所である池田の霞間ヶ渓《かまがたに》が加わる。背景には大正8年(1919)の養老鉄道の開通が影響していると思われる。

図37　谷汲道道標

塩田を過ぎると久徳地区に入る。片側だけ残る久徳一里塚があり、その先は工場により道が消滅している。工場群を抜けると暴れ川で知られる大谷川が見えてくる。大谷川を渡る前に谷汲道の道標がある(図37)。気づかずに通り過ぎてしまうこともあるため、注意が必要である。その道標から北に続く道は中山道赤坂宿に通じている。さらに、赤坂宿から谷汲巡見街道を通り谷汲に至る。谷汲は西国三十三所結願寺であり養老と並ぶ西美濃の名所であった。

植物学者飯沼慾斎

大谷川を越えると長松地区に入り、植物学者飯沼慾《よく》斎《さい》の隠居所である平林荘《へいりんそう》跡がある(図38)。慾斎は天明2年(1782)に伊勢亀山で生まれ、大垣藩の医師飯沼家に養子に入った。本草学や蘭学にも関心を持ち、医師としての評価も高かった。天保3年(1832)に隠居し、平林荘に移った後も研究を続け、日本初の植物図鑑である『草木図説』を執筆し、慶応元年(1865)に亡くなっている。大垣は多くの学者が輩出された文教都市でもあった。蘭学者江馬蘭斎《らんさい》や宇多川榕庵《ようあん》、文人では柳川星巌《せいがん》、紅蘭、江馬細香《さいこう》がいる。近代以降も地震学者関谷清景《きよかげ》(理学博

図38　平林荘跡

士）や仏教学者南条文雄（文学博士）、鉄道技師松本荘一郎（工学博士）がいる。

関ヶ原合戦

平林荘跡の近くの荒崎小学校に長松城跡の碑がある（図39）。長松城は大垣と垂井の中間に位置する要所であった。長松城は関ヶ原合戦の際、石田方（西軍）武光忠棟が守っていたが、徳川方（東軍）に占領され一柳直盛が入城している。関ヶ原合戦は慶長5年（1600）9月15日の関ヶ原で勝負が決したとされるが、戦いのあった関ヶ原盆地という局地で見るのではなく、濃尾平野を俯瞰して見る必要がある。

美濃方面軍（石田三成、小西行長、島津義弘等）は当初、美濃を押え、伊勢方面軍と合流し尾張三河国境まで進出する予定であった。しかし、家康と共に上杉討伐に向かった福島正則等の部隊が8月13日には清須に戻ったことからその計画は崩れた。さらに8月16日には徳永寿昌（松ノ木城主）や市橋長勝（今尾城主）

図39　長松城跡

が大垣より下流の福東城を占領した。8月21日、清須城の東軍は部隊3万余を二つに分け、福島正則等は清須から美濃路を通り起から木曽川を渡河するルートを、池田輝政等は一宮、黒田を通り河田から木曽川を渡河するルートで美濃に迫った。西軍の岐阜城主織田秀信の部隊は木曽川渡河する池田輝政等を迎え撃つが（米野の戦い）、防衛線は突破され、8月23日に岐阜城は落城した。また、福島正則等は起からの渡河を試みるが、竹鼻城から出撃した杉浦重勝の抵抗が激しく、渡河を断念し、下流の加賀野井から渡ったという。その案内をしたのが、後に起宿で本陣を務める加藤家とされる。起の大明神社には福島正則が馬を繋いだとされる木が戦前まではあった（図40）。福島等は竹鼻城を陥落させ、岐阜城攻めに合流した。岐阜城の落城後、三成は河渡川（長良川）に部隊を派遣するも突破され、東軍は中山道を通り赤坂に布陣する。大垣の北西に位置する赤坂を押えられ、8月27日に長松城に一柳直盛

図40　福島正則駒繋跡

が入城し、大垣・垂井の交通路は遮断された。この時点で三成等美濃方面軍は孤立し、圧倒的に不利な状況だった。福島等が赤坂に布陣した後、伊勢より五大老の宇喜多秀家《ひでいえ》の軍勢が大垣に到着し、さらに毛利軍が南宮山に布陣して兵力は均衡状態となるが、三成は南宮山の部隊をあまり信用していなかった。

三成は南濃地区の徳永氏、市橋氏、曽根城の西尾氏等、美濃の大名を完全に味方に引き入れることができなかった。さらに、美濃を守るには兵力が脆弱であった。薩摩の島津家も一枚岩ではなく、千人程度しか軍勢を連れていなかった。大垣城にある程度の軍勢を集結できず、尾張と美濃境に位置する竹鼻城にも杉浦重勝等小勢しか配置していない。要害である木曽三川、尾張と美濃を繋ぐ美濃路等の幹線に防衛線を構築することができなかったことが三成の敗因となる。

垂井の追分へ

国道21号線を越えると垂井町綾戸地区に入る。この綾戸に一里塚があったが、現在はその跡地もない。美濃路より北に綾戸古墳がある（図41）。綾戸古墳の頂上には松が植えられており、中世の伝説の盗賊熊坂長範が旅人を襲うため物見の松と伝わる。熊坂は中世東海道の青墓宿で奥州に向かう源義経等を襲うが返り討ちになるという話がある。綾戸古墳の位置は美濃路と中山道の中間にあった。垂井から青墓付近までの中山道は中世東海道と道筋はそれほど大きな違いはない。高い建物がない当時は濃尾平野を一望できたと思われる。江戸時代には熊坂長範物見松として中山道の名所となっていた。

東海道本線の踏切を越えると美濃路で唯一残る松並木（垂井町指定）が出迎えてくれる。その松並木を抜けると中山道との追分に到着する（図42）。「是より右東海道大垣みち　左木曽海道たにぐみ道」と記された道標が建ち、美濃路はここで中山道と合流する。相川を越えれば垂井宿である。

図41　綾戸古墳

図42　美濃路中山道追分

古写真のなかの美濃路

宮川充史

大正 6 年頃撮影
（出典：『中島郡名所旧蹟写真帖』）

現在

長束の松並木（稲沢市長束町）
昭和 40 年頃撮影（出典：日下英之『美濃路―熱田宿から垂井宿まで』）

現在沿道には松が植えられている。
（同地点付近を北から南に向かって撮影）

現在

中島郡役所（稲沢市小沢）
大正 6 年頃撮影。中島郡役所は稲葉宿本陣跡にあり、写真の建物は明治 21 年（1888）建設。
（出典：『中島郡名所旧蹟写真帖』）

現在

現在の萩原町の町並み

萩原市場（一宮市萩原町）
大正 6 年頃撮影。萩原では明治 15 年（1882）より毎月 2、7 の日に定期市を開いていた。
（出典：『中島郡名所旧蹟写真帖』）

萩原橋（一宮市萩原町）
大正６年頃撮影。日光川に架かる萩原橋を南側から撮影。左側が吉藤の集落。右側の奥の藪に天神神社があったと『中島郡名所旧跡写真帖』に記されている。
（出典：『中島郡名所旧蹟写真帖』）

現在

現在

冨田一里塚（一宮市冨田）
大正６年頃撮影。南西側から撮影している。西塚の塚が現在よりも高い。
（出典：『中島郡名所旧蹟写真帖』）

冨田地区の塀
昭和 45 年頃撮影（出典：日下英之『美濃路―熱田宿から垂井宿まで』）

現在

現在、常夜燈は木々に隠れてしまっている。

起渡船場（一宮市起堤町）
大正６年頃撮影。起渡船場の常夜燈。対岸の岐阜県側の堤防には松並木が写っている。
（出典：『中島郡名所旧蹟写真帖』）

奥町渡船場（ 一宮市奥町）
大正６年頃撮影。起渡船より北に位置する奥町の渡船場。木曽川の川幅がよくわかる。
濃尾大橋の開通と同じ時期に廃止された。
（出典：『中島郡名所旧蹟写真帖』）

渡船場跡の碑

現在

⦿……古写真のなかの美濃路

現在

美濃路と石灯籠（羽島市新井）羽島市歴史民俗資料館提供
大正時代（推定）撮影。この写真では石灯籠は堤防の東側にあるが、その後の堤防工事により西側に移転し、現在は堤防道路の真ん中にある。

七間松（羽島市大浦）羽島市歴史民俗資料館提供
撮影年未詳。木曽川右岸（羽島市側）から起側を撮影している。写真の左側にある背の高い木は起の大イチョウであろうか。

現在

現在

根洗い松（羽島市須賀）羽島市歴史民俗資料館提供
撮影年未詳。坂道の先に及川がある。この坂道は現在も名残りがある。

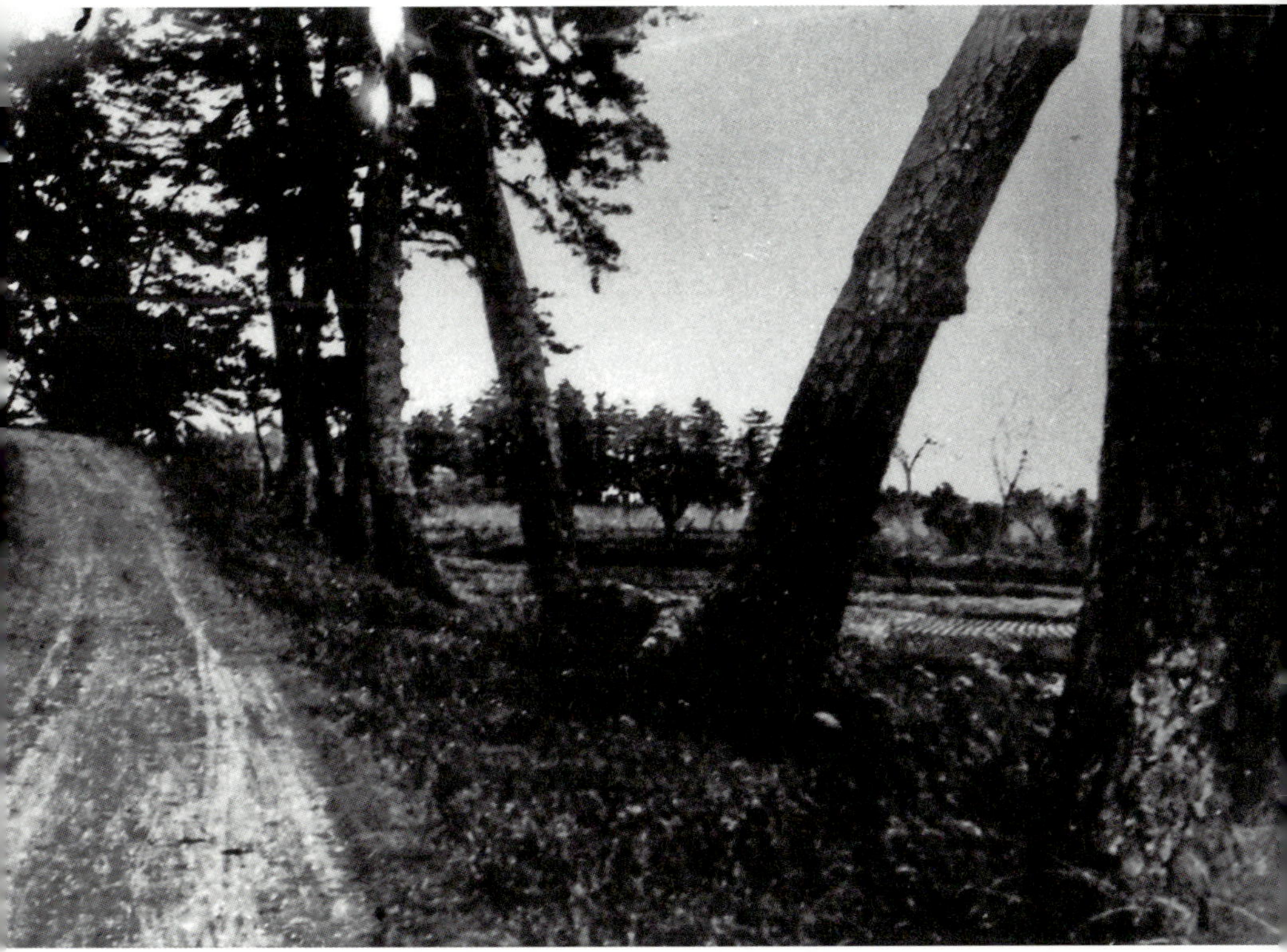

図1　伝馬会所札ノ辻（出典：『尾張名所図会』）

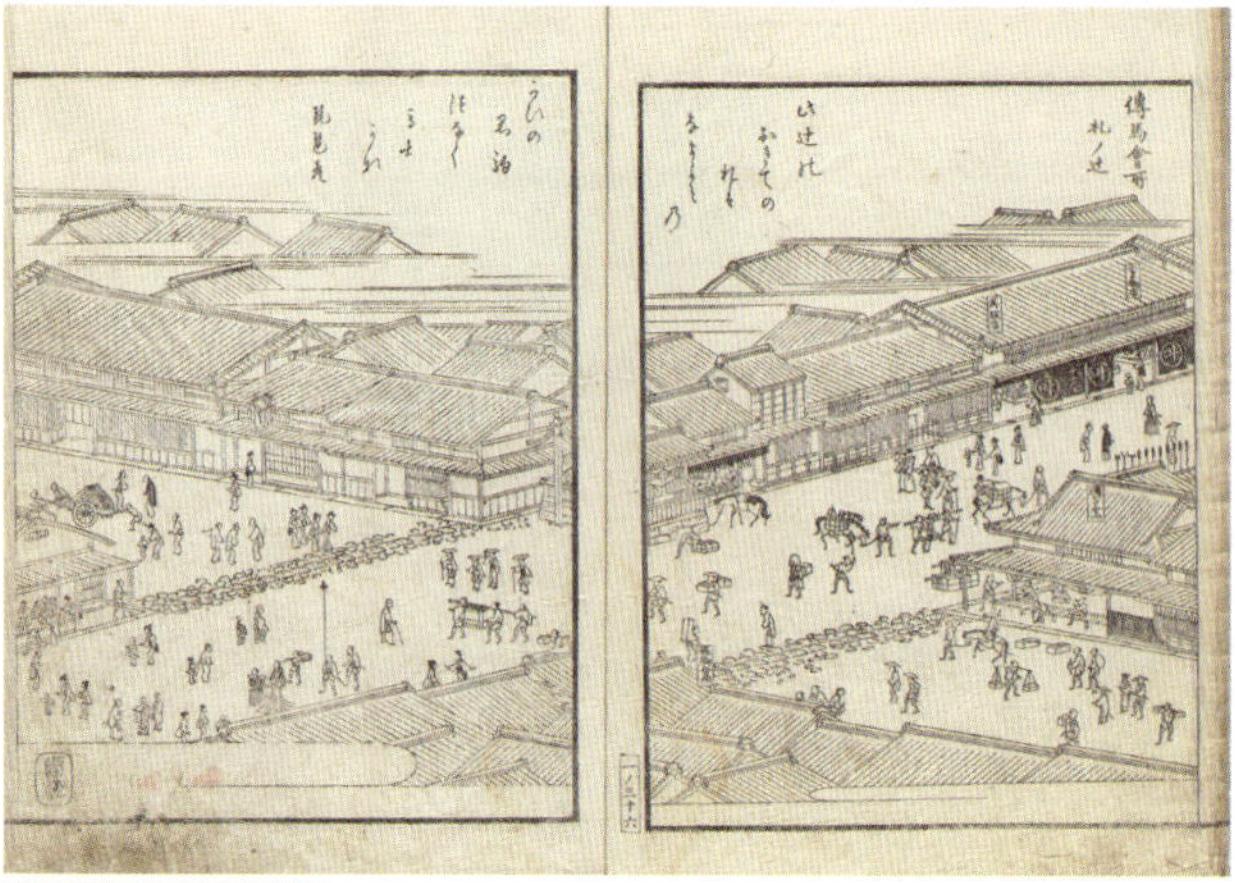

図2　札の辻の碑

美濃路七宿

名古屋宿

東海地方の街道網の中心。しかし、本陣も脇本陣もない特殊な宿場だった。

宮川充史

美濃路の宿駅の中でよく知られていないのが名古屋である。名古屋は言うまでもなく、名古屋城を有する御三家尾張徳川家の城下町である。その名古屋は美濃路の宿駅でもあった。

さらに、名古屋は三河、南信濃につながる飯田街道、小牧を通り中山道伏見宿に通じる木曽街道（本街道）の起点であり、小牧・平針への人馬賃銭も設定されていた。

また、勝川、内津《うつつ》峠を経て中山道に通じ大井宿に至る下《した》街道の起点でもあった。下街道は善光寺参詣の旅人が多かった道で別名、善光寺街道ともいう。江戸を中心に五街道が整備され、各地方でもその地方の中核となる城下町を中心に街道網が形成された。名古屋は東海地方の街道網の中心であったといえる。

美濃路の宿駅の人馬数は50人50疋が原則であったが、名古屋にはこの規定はなく、人足は雇人足であり、馬は50疋の外、領内の地廻り用として50疋が設けられていた。

名古屋宿は名古屋の町である駿河町、伝馬町、宮町、富沢町の4町が宿駅機能を

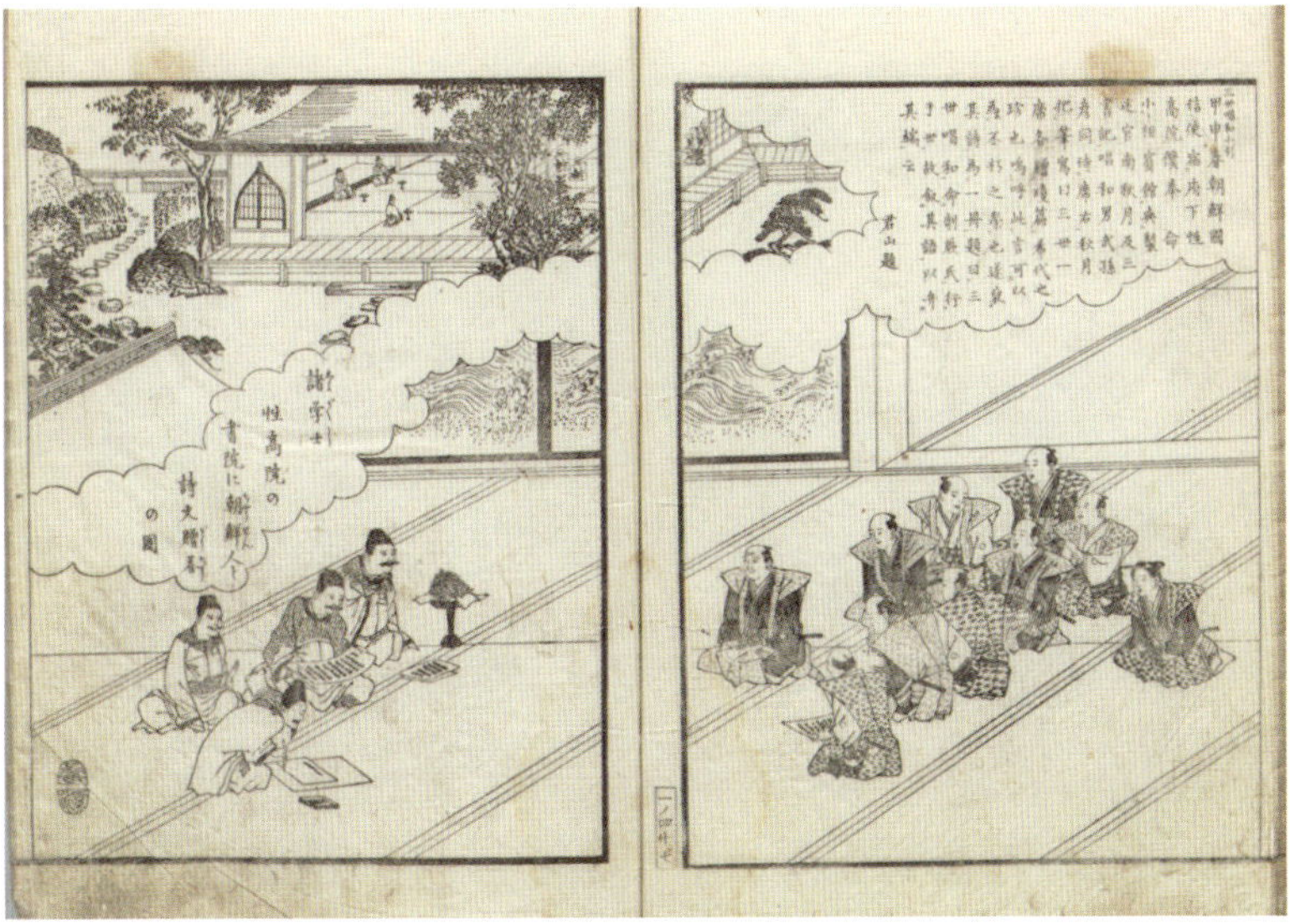

図3　朝鮮人と詩文贈答の図（出典：『尾張名所図会』）

担っており、家数1157軒、人口4188人であった。『尾張名所図会』に描かれた伝馬会所は本町通と伝馬町筋交差点であり（図1）、現在は札の辻の碑のみがひっそりと建っており、気に留める人もほとんどいない（図2）。

名古屋宿の開設は慶長7年（1602）とも、清須越の後の慶長18年（1613）ともされるが、定かではない。問屋は当初は渡辺家が務めたが、寛文3年（1663）以降は吉田家が世襲した。

本陣・脇本陣はなく、大名が宿泊することはない。また、助郷の村もないため、大通行での人馬継立は宮から清須、清須から宮へ継立てるのが一般的であった。

名古屋が特殊な宿駅であったことは確かである。しかし名古屋が果たす役割は大名の宿泊ではなく、将軍や朝鮮通信使の宿泊を担うことであった。上洛する将軍は名古屋城、朝鮮通信使の宿泊は名古屋の性高院《しょうこういん》に宿泊した。『尾張名所図会』には性高院で、通信使一行と詩のやりとりをする文化人たちが描かれている（図3）。

文化5年（1808）、参勤する大垣藩主戸田采女正《うねめのかみ》（氏庸）が名古屋を通行した際、荷物の運送方法をめぐり問屋との間でトラブルが発生した。池鯉鮒《ちりゅう》宿で家老用人が詫びを入れることで解決したという。御三家の城下町を通る諸大名の緊張は想像できる。

図１　清須宿本陣正門

図２　琉球人清須本陣に憩ふ図（出典：『尾張名所図会』）

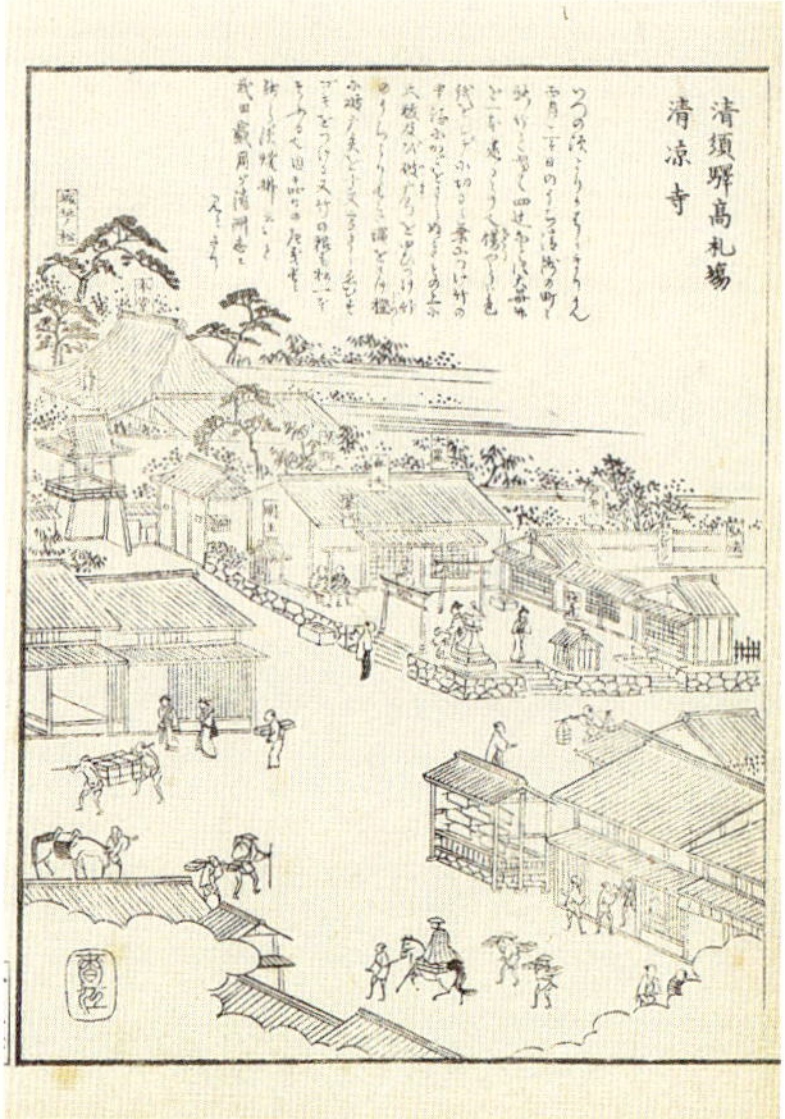

図３　清須駅高札場　清涼寺（出典：『尾張名所図会』）

美濃路七宿

清須宿

江戸時代には美濃路最大の大きさを誇った本陣ほか、信長時代からの歴史の足跡がそこかしこに残る。

半田　実

慶長15年（1610）「清《きよ》須越《すごし》」後、この地が再び活力を取り戻したのは、美濃路に清須宿が設置されたことによる。

江戸から92里余、名古屋宿より2里で次の稲葉宿までは1里半の地である。本陣1軒林惣兵衛、脇本陣3軒櫛田源兵衛・武田長兵衛・鬼頭新左衛門である。旅籠は21軒で宿高はなく、521軒2545人の宿場である。本陣跡には「明治天皇御駐蹕《ちゅうひつ》之所」の石碑がたち、明治24年（1891）の濃尾地震後に3分の2の規模で再建された正門（図1）が今も残されている。『尾張名所図会』には2本の松がそびえ（高松館とも別称）、美濃路最大の321坪を有した本陣の姿がつぶさに描かれている（図2）。

その筋向かいの土壁色の建物の一部には脇本陣の構造が今でも残る。正徳2年（1712）の記銘をもつ時鐘がある清涼寺（清須牛頭天王社の別当寺であり、後述する清須花火とつながる）も同書に描かれた（図3）。その門前には高札場がある。そこに隣接して二つ目の脇本陣があった（現在は酒

図６　清洲城天守閣

図４　織田信長立像と濃姫像

図８　柿経（清須市教育委員会所蔵）（出典：『清洲城下町遺跡Ⅱ』）

図７　金箔瓦（清須市教育委員会所蔵）（出典：『清洲城下町遺跡Ⅱ』）

図５　右大臣織田信長公古城跡（弘化年間）

店）。五条川に向かって歩いていけば右手に三つ目の脇本陣があった（現在は歯科医院）。現存する古文書類は脇本陣家・脇本陣家に連なる立合役家・商家・旧宿場町分とがわかっている。

清須の名を一躍有名にした織田信長が永禄3年（1560）の桶狭間の戦いに出陣する姿をあらわした立像（図4）が、大正11年（1922）に造られた清洲公園にある。平成24年に移転した濃姫像とあわせて、今では「恋愛スポット」と見られるようになった。ここは桜の名所でもある。

明治19年に敷設されたJRを過ぎると公園の北側へ入る。幕末に清洲古城の保存を願って建てられた「清洲城墟碑（文久2年〔1862〕）」「右大臣織田信長公古城跡（弘化年間）」（図5）や信長社や震災慰霊碑（明治25年建立）がある。清洲ふるさとのやかた前には織田信雄時代の清須城の石垣が実物展示されており、建築法がわかる。

前の五条川に架かる大手橋を渡れば、平成元年（1989）に再建された通称清洲城天守閣（図6）がそびえたつ。「清洲古城図」によれば、三重の堀で囲まれた城や城下町がわかる。その地域は旧清洲町全域に及び、今も発掘調査によって往時の清洲城下町が少しずつ解明されている。平成20年（2008）末には「金箔瓦」（図7）も出土した。さらに古い永享11年（1439）の柿経《こけらきょう》（図8）もある。

図１　問屋跡

図２　稲葉宿の町並み

図３　禅源寺

美濃路七宿

稲葉宿

宿駅時代の賑わいを偲ぶ史跡は少ないが、何軒かの古い商店にその名残をかすかに留める。

宮川充史

稲葉《いなば》宿は清須より一里半、萩原からも一里半に位置し、稲葉村と小沢村の二村で宿駅機能を務めていた。明治20年（1887）に稲葉村と小沢村の二つの村が合併し稲沢村となったのが稲沢の始まりである。

家数は336軒、人口は1572人、本陣は原家、脇本陣は吉田家が務め、旅籠屋は8軒、問屋は3軒あった。現在、問屋場跡に石碑が建てられている（図1）。

本陣跡には以前は愛知県の施設があり、本陣跡の石碑があったが、現在は施設も取り壊され、更地となっている。本陣跡の石碑も建っていないが、本陣の敷地跡がわかる。また、明治時代には中島郡の郡役所が本陣に置かれており、中島郡の中心であった。

稲葉宿にも宿駅時代の名残を残す史跡は少ないが、古い商店が今なお何軒か残っており、宿場町の雰囲気をかすかに留めている（図2）。

『尾張徇行記』には「商賈《こ》ハ処々ニヨリ木綿ヲ買出シ、名古屋木綿問屋又ハ下小田井・枇杷島アタリ仲買へ送リツカハセリ、又油絞屋・酒造屋ナトモアリ、又諸商

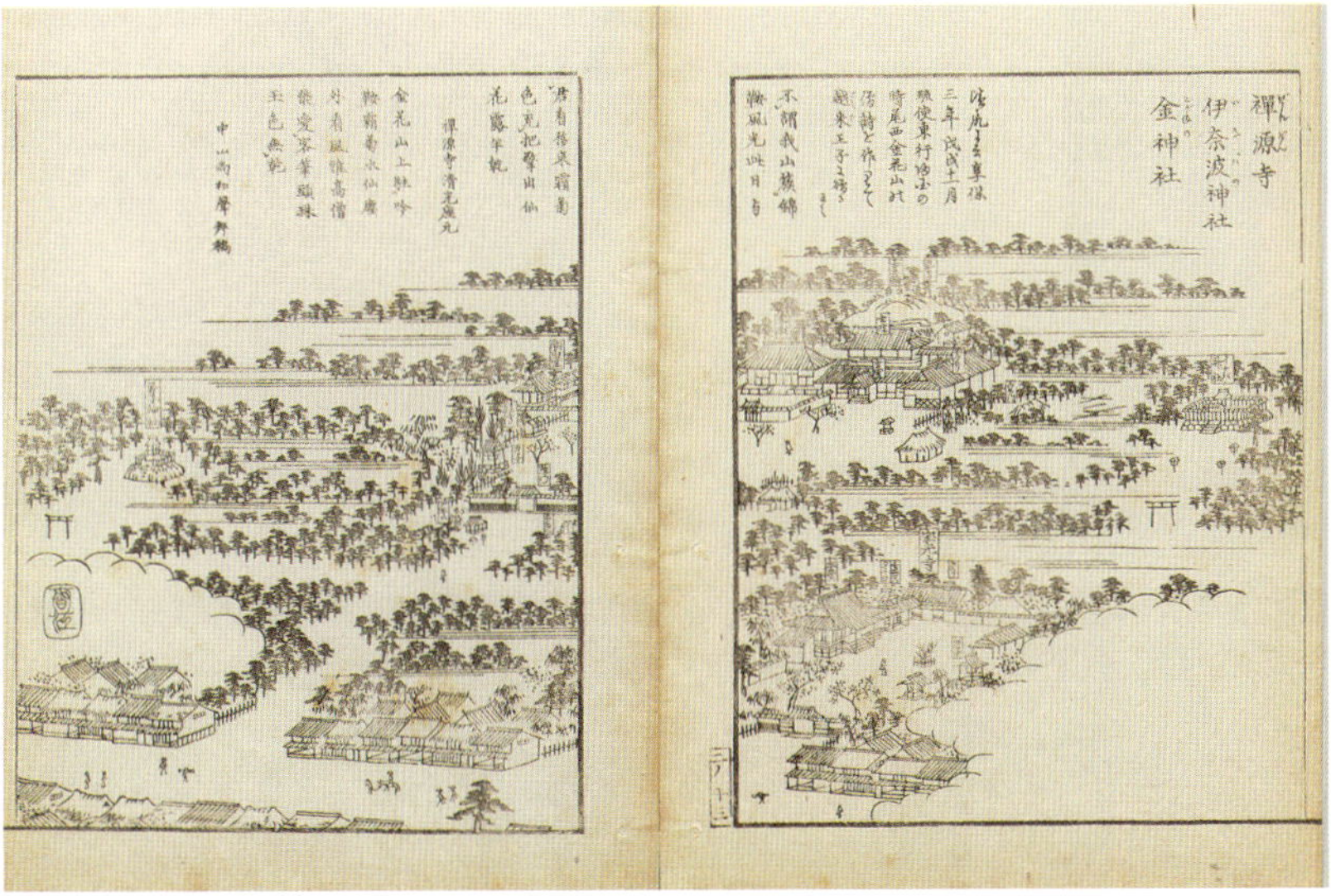

図４　伊奈波神社　禅源寺（出典：『尾張名所図会』）

ヒヲスル家モ数戸アリテ繁昌ナル市町ナリ」と記されており、賑わいがあったことがわかる。

稲葉宿には本陣や脇本陣の史料が残されていないが、問屋の伊東家や稲葉の豪商山田家、飯田家、井堀村の荻須家の史料の一部が『新編稲沢市史』の資料編に収録されており、大通行時の対応等については知ることができる。

『尾張名所図会』には禅源寺、伊奈波（稲葉）神社、金《こがね》神社が描かれた挿図に稲葉宿の町並みが描かれている（図4）。禅源寺は臨済宗妙心寺派の寺院であり、寛永11年（1634）に将軍徳川家光が上洛した際に休息した寺院である（図3）。天保3年（1832）の琉球使節宿泊の際には随行していた薩摩藩士が稲葉宿で死亡し、禅源寺に墓碑が残る。

明治2年（1869）に発生した稲葉騒動は稲葉宿での打ちこわしを機に大規模な騒動となった。発端は村々が凶作による窮状を清洲邑宰所（清洲代官所）に訴え御救米を歎願したことに始まる。一旦は受理されたが、後に差し戻されたことで発生した騒動であった。稲葉宿の禅源寺の鐘を合図に周辺の村々からも一揆勢が集まり、宿内の山田市三郎宅に押し寄せ打ちこわしをおこなった。さらに、騒動は中島郡海東郡に拡大し、美濃路沿いにも広がっていったが、藩兵に鎮圧された。

図１　天神の渡し跡

図２　天神の渡し跡（西萩原）

図３　萩原宿本陣跡

図４　萩原宿問屋場跡

美濃路七宿

萩原宿

かつては旅籠屋が17軒。多良街道の始点でもあり、陸上交通のターミナルとしてにぎわった。

宮川充史

萩原《はぎわら》宿は江戸より95里に位置し、稲葉宿より一里半、起宿より一里の距離に位置する宿駅である。宿高1千石余、家数236軒で萩原村と加宿串作村と二村で宿駅機能を担い、美濃路七宿の中では最も規模の小さい宿場である。江戸時代以前は萩原川の渡船場があり（図1）、その跡は萩原より北に位置する天神社付近とされ、対岸の西萩原にも天神神社がある（図2）。本陣は森権左衛門、脇本陣は森半左衛門家が務め、問屋は2軒あり、上の問屋は鵜飼家、下の問屋は木全家が務めていた。本陣跡に萩原宿本陣跡の石碑が（図3）、上の問屋場跡に萩原宿問屋場跡の石碑が建てられている（図4）。本陣跡の石碑は意識していないと見過ごすことも多い。濃尾地震により萩原宿の町並みも壊滅し、宿駅時代の名残は薄いものの、街を歩くと古い町屋建築の家は何軒か見ることができる。また、枇杷島の町並みでも見られた「屋根神様」を萩原宿でも1カ所だけ見ることができる。

萩原宿には旅籠屋が17軒あった。この数は起宿、清須宿に次いで多い数である。

図6　萩原川（出典：『名区小景』）
名古屋市鶴舞中央図書館所蔵

図5　森半兵衛句碑

図7　萩原橋

その理由として萩原宿は一宮、苅安賀方面に続く巡見街道が交わり、西中野渡船場に続く多良街道の始点という陸上交通のターミナルとなっていたことがあげられる。本陣・脇本陣ともに昭和初期には家は無くなっていたことが昭和5年編纂の『萩原町誌』に記されている。そのため、本陣や脇本陣の古文書は残されておらず、問屋の木全家、鵜飼家の古文書がわずかに残されているにすぎない。宿の北に位置する宝光寺に残る宝暦年間の森半兵衛の歌碑が脇本陣の唯一の痕跡である（図5）。なお、宝光寺には明治24年（1891）濃尾地震の震災記念碑や忠魂碑、筆子塚等、多数の石造物を見ることができる。

萩原の名所は萩原川に架かる萩原橋であり（図7）、『名区小景』にも描かれ（図6）、全国の橋番付である「日本大橋尽《づくし》」にも番付入りしている。その萩原橋を渡り吉藤の集落に入ると参政権運動で活躍した市川房枝の生家跡がある。市川房枝が起町の高等小学校に通っていた時は松並木が残っており、厳しい伊吹颪の中を通ったと晩年に回想している。

明治33年（1900）には尾西線が開通し萩原駅が設置された。宿場町時代の名残は薄くなってしまったが、商店街は残っておりレトロな雰囲気を漂わせている。萩原駅の近くには近年開館した「萩原郷土資料館」があり、毎月第4日曜日に開館している。

美濃路七宿

起宿

木曽川の渡船で重要な役割を担い、多くの人々の往来でにぎわった宿場。

宮川充史

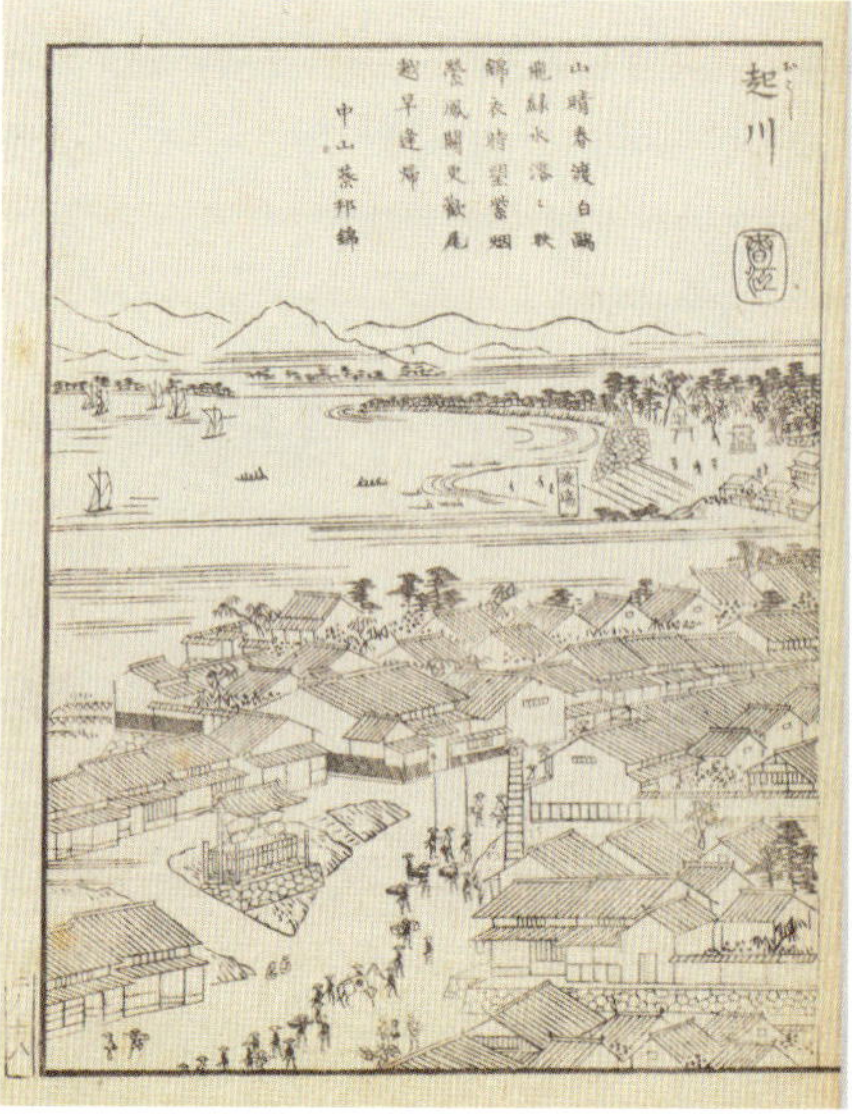

図1　起の町並みと常夜燈（出典：『尾張名所図会』）

図2　起の大イチョウ

起《おこし》宿は美濃・尾張の国境に位置する宿場で起川の渡船を有する宿場である。渡船場跡に残る常夜燈は起を象徴する史跡でもあり、『尾張名所図会』にも描かれている（図1）。

また、大明神社に残る大イチョウ（県指定天然記念物）は対岸の羽島市や南の名神高速道路からも見ることができる大木である（図2）。秋には葉が黄金色に色づき、その壮大さに魅せられる。

起宿は江戸時代以前の様子についてはほとんど知ることができず、鎌倉時代末に「荒野」であったということしかわからない。16世紀初頭には徳行寺が建立されていることから、集落が存在していたと思われる。

起の村は村高が200石余と小規模であり、単独では宿駅機能を担うことはできないため、周辺の四ヶ村（冨田、小信中島、東五城、西五城）が加宿となっていた。そのため、起宿は宿高1457石、家数887軒、人口4094人という規模で、美濃路のどの宿場より規模が大きい。しかし、町並みは起と冨田の一部に限られる。高札場跡付近から上町・下町に分かれ、宿駅の中枢である問屋や本陣、脇本陣は全て下町に集まり、旅籠屋も下町に多い。上町は堤防上に町並みが形成されており、家の裏側から木曽川に行くことができた。昭和30年頃に濃尾大橋に続く堤防が町並みの西側に整備されたことで、その景観はなくなったが、往還筋の裏側を歩くと、当時の面影を知ることができる。

図3　起宿本陣問屋場跡

図4　起宿脇本陣跡・旧林家住宅

本陣は加藤家が世襲し問屋を兼務した（図3）。加藤家は江戸時代以前より起に居住していたとされ、関ヶ原合戦では徳川方諸将の福島正則等の木曽川渡河を手助けし、その功績で本陣職に任命されたという。11代加藤磯足は国学者本居宣長の弟子で、寛政8年（1796）4月に宣長も宿泊している。明治維新後は明治41年（1908）まで郵便局となっていた。明和2年（1765）には永田家も問屋を務め、加藤家と交代で問屋を務めた。脇本陣は寛永18年（1641）に設置されたとされ、当初は佐太郎の一族が務めたが、享保5年（1720）以降は林家が務め、渡船を管理する船庄屋を兼務した。林家の邸宅は明治24年（1891）の濃尾地震で倒壊し、大正期に建築された。現在は国登録有形文化財となり一宮市尾西歴史民俗資料館の別館として活用されている（図4）。

濃尾地震で起宿の町並みはほぼ全滅しており、旧起宿内には江戸時代の建築物は残されていない。その中でも湊屋文右衛門邸は濃尾地震に耐えた数少ない建築物であり、国登録有形文化財となっている（本書138ページも参照）。湊屋文右衛門は船庄屋を補佐する船《ふな》肝煎《きもいり》を務め、糸商人や販売業者と地元の織屋とをつなぐ仲買商人として財を成した人物である。

明治時代以降も織物の街として栄え、大正13年（1924）には起水泳場も開設され、一宮から起の間に蘇東線も開通し多くの人々で賑わった。

図２　渡船場常夜燈と本陣跡碑

図１　軒先の行燈

図３　脇本陣門

美濃路七宿

墨俣宿

長良川右岸に位置し、宿場北側の殿町界隈は、かつて料理屋や芸者置屋が並ぶ賑やかな通りだった。

鈴木隆雄

墨俣《すのまた》宿（図1）は江戸より98里34町32間、起宿より2里17町25間、大垣宿より2里50間に位置する宿場である。宿場の長さは13町3間であった。本陣は中町にあり、代々沢井家が務めた。中町から川端町（犀川改修工事で滅失）へ右折する所に本陣跡碑と近年建てられた渡船場常夜燈があり、道向かいの高札場跡には「史跡 墨俣宿」碑や「史跡 美濃路」碑等のある小公園に整備されている（図2）。脇本陣は本町にあり、門が近くの本正寺に移築されている（図3）。問屋場は本町にあった。往還から12～13間ほど引込んだ所に明台寺、満福寺、本正寺、等覚寺、光受寺、広専寺の6カ寺があり「寺町」を形成した（図4）。西町には正八幡宮も祀られ、これらの寺社は宿場で大名の休泊に差支えが生じた場合に使用された。さらに近隣にある3カ所の寺院および4カ所の個人宅が臨時の宿舎に指定された。これらは揖斐川および長良川の出水による川止めを余儀なくされた墨俣宿の立地上の宿命であったといえる。

　宿内の総家数は338軒

図４　寺町

図５　琉球使節揮毫常夜燈

で、人口は男６５５人、女６６２人の計１３１７人であった。大6軒、中4軒と計10軒を数えた旅籠屋は本町および中町にあり、茶屋は眺望のよい長良川の右岸堤（現・犀川）にあったとされる。宿場の北側の殿町界隈は、かつて料理屋や芸者置屋が並ぶ賑やかな通りであった。

宿場の西方には佐渡川《さわたり》（現・揖斐川）が流れ、旅人の渡河には船渡しがあった。2艘の渡船が運行し、これに10人の水主が携わっていた。朝鮮通信使の通行時には船橋が架けられたが、川幅１２０間のうち50間分は大垣藩領の西結村が負担し、70間分は幕府領の佐渡村が負担した。これに用いられた船は80艘にのぼり、大垣藩が30艘、幕府の笠松陣屋が50艘を分担した。また、朝鮮通信使とともに将軍の襲職を祝うため琉球使節が江戸を往来したが、寛政3年（１７９１）1月に江戸から帰国の途に就く使節一行のうち儀衛正を務めた毛廷柱に天王講中と墨俣宿惣中が揮毫《きごう》を依頼し建立した常夜燈が残る（図5）。琉球使節は墨俣宿での宿泊はなかったが、休憩をとることが多かった。宿場の東方にあった墨俣の渡しは、川幅１２０間余で、出水の際は１８２間半になり、堤防の六合目まで出水した場合は川止めとなり、水の浅い場合でも風雨が強ければ川止めとなった。洪水常襲地帯である大垣輪中内の通行を迂回する街道として、佐渡川に沿って西へ向かい呂久の渡船場付近で中山道へ出る大島堤通があり、紀州徳川家が洪水の有無にかかわらず利用したので「紀州街道」と呼ばれるに至った。

図６　墨俣一夜城と桜

なお、宿場の北方には、木下藤吉郎が永禄9年（１５６６）に築いたとされる墨俣一夜城跡があり、平成3年4月に復興天守が建設され歴史資料館として公開されている（図6）。

図1　竹島本陣表門旧写真（出典：大垣商業撮影発行絵葉書　昭和初期）

図2　竹島本陣上段の間旧写真（出典：『岐阜県御巡幸誌』大正14年〔1925〕）

図3　問屋場跡と竹島町通り

図4　高札場旧写真（出典：大垣商業撮影発行絵葉書　昭和初期）

美濃路七宿

大垣宿

西美濃地方における中心地として繁栄し、松尾芭蕉「奥の細道むすびの地」としても知られる。

鈴木隆雄

大垣は戸田家10万石の城下町、湊町、宿場町の機能を備えた西美濃地方における中心地として栄えた。大垣宿は江戸より百里35町22間、墨俣宿より2里50間、垂井宿より2里半6町に位置する宿場である。

藤江町境から若森町境までの26町14間におよび、美濃路の七宿中で最長を誇った。宿内の総家数は903軒で、人口は男2713人、女2423人の合計5136人となり、宿場の長さとともに美濃路の宿場において最多であった。西の見付は正覚寺入口の西角にあった。もう一方の東の見付は藤江村にあり、新規川左岸にあった一里塚の西方に存在した。見付は大垣宿において接待所とも呼ばれた。

本陣は竹島町にあり、建坪178坪、玄関・門構を備えていた（図1）。「本陣間取図」によれば、大名など主客が休泊する上段の間は街道からやや奥まった位置にあり（図2）、本陣家の住居部は別棟で街道に面した位置にあった。短冊状に区画された町屋において、本陣のように広大な建坪を確保するには奥行きに制約が生じるため、座敷部と住

図５　高札場跡

居部とを雁行させることにより効率的な土地利用を図ったのである。座敷部には主客が休泊する八畳の上段の間があり、入側の奥には三畳間に接して主客専用の御手洗所・雪隠・湯殿が配置された。

脇本陣は本町の大手先西北角にあり、建坪78坪、玄関・門構を備えるものであった。本町本陣とも呼ばれ、史料上は本陣として登場することが多い。一般に脇本陣は門構および玄関のどちらかを欠き二階建てにすることが多いなかで、大垣宿の脇本陣は両方を備える上に平屋建てであった。大垣宿脇本陣の間取を見る限りでは、本陣の構造によく似た建物となっており、まさに本町本陣の別称にふさわしい規模と格式を有していた。本陣や脇本陣での休泊に支障が生じた場合は、本町の縁覚寺が臨時に充てられた。

旅籠屋は中3軒、小8軒の計11軒であった。中・小は間口の広狭によって区別されたと考えられる。問屋場は竹島町にあり（図3）、問屋1人、年寄1人、同見習1人、年寄4人、物書3人、馬指2人、人足指1人が詰めていた。

高札場は寛永19年（1642）4月、中町辻上ノ魚屋町に設置されたが、その後、本町通り北端の札の辻に移された。高さ2間余、長さ3間余、横1間余の規模であり、高札の墨入れは大垣藩が取り扱った。大垣商業写真部が昭和初期に作製した絵はがきによれば、他の宿場町の高札場にくらべ、やや小規模な造りなのは、宿場の端部ではなく町屋が連なる宿場町の中央部、しかも街道上に設置されたためであろう（図4、5）。空間的な制約と共に人馬の往来の妨げにならぬよう配慮されたものと思われる。

松尾芭蕉が「おくの細道紀行」をむすんだ船町の湊跡には住吉燈台があり、水門川に漂う第二神嶋丸とともに川湊の風情を今に伝えている（図6）。水門川を北に進むと、朝鮮通信使が宿泊した全昌寺や、江戸道と京道を案内する船町道標がある（図7）。

図６　住吉燈台と第二神嶋丸

図７　船町道標

史跡 美濃路

墨俣宿から輪中堤防へ

美濃路四川と渡し

川と渡船場の歴史をひもとく

宮川充史

河川の名称

江戸時代は現在と異なり、同じ河川でも呼称が複数あった。木曽川は起川（美濃路）、太田川（中山道）、長良川は墨俣川（美濃路）、河渡川（中山道）、揖斐《いび》川は佐渡《さわたり》川（美濃路）、呂久《ろく》川（中山道）と称された。また、東海道では多摩川は六郷川、相模川は馬入川とも称され、中山道では荒川は戸田川とも称された。

各地域で河川の呼称が異なると考えることもできるが、起宿でも起川、木曽川の両方の表記が利用されている。木曽川という呼称は普請や治水など広域な範囲で利用されていることが多い。そして、起川とは美濃路の街道の一部としての用法で利用されていることが多いようである。宿村大概帳にも墨俣川や河渡川、呂久川の項目で道中での呼称と記されている（表1）。

木曽川―起の渡し

愛知県・岐阜県境を流れる木曽川は江戸時代も尾張・美濃両国の国境となる川であった。木曽川は長野県木祖村の鉢盛山を水源に伊勢湾に流れる。その木曽川に架かる一宮と羽島を結ぶ濃尾大橋は愛知と岐阜をつなぐ大動脈である。その濃尾大橋のすぐ北に美濃路の起渡船場があった（図1、2）。木曽川のことを美濃路の道中では起川と記す。

起川の川幅は702間余（約1276m）とされ、その川幅の広さは同じ美濃路道中の佐渡川（揖斐川）、墨俣川（長良川）を遥かに超える。川幅だけなら「越すに越されぬ」と称された東海道の難所大井川（川幅720間）にも匹敵する。もちろん、すべてが水で覆われているというわけではない。しかし、水量が多くなれば、詩人頼山陽が対岸が見えず、「大海にのり出たるが如し」と称したのも納得できる。

起が渡船場となった時期

図1　昭和15年の起渡船場

表1　河川の呼称一覧

河川の名称	道中での名称（川幅）	文献
木曽川	美濃路　起川　（702）	「木曽川通り起川」（『美濃路見取絵図』）
	中山道　太田川（85）	
長良川	美濃路　墨俣川（120）	「本名長良川也、道中にては墨俣川といふ」（『美濃路宿村大概帳』）
	中山道　河渡川（50）	「本名長良川なれ共、道中にては河渡川と唱来る」（『中山道宿村大概帳』）
揖斐川	美濃路　佐渡川（143）	「伊尾川通り佐渡川」（『美濃路見取絵図』）
	中山道　呂久川（50）	「本名伊尾川なれ共、道中にては呂久川と云」（『中山道宿村大概帳』）

＊川幅は「宿村大概帳」より

図3　起渡船場跡　尾張側

図2　起渡船場石灯台　美濃側

ははっきりとしないが、慶長13年（1608）頃とされる。尾張藩の管轄で、享保5年（1720）以降、起宿の脇本陣を務めていた林家が船庄屋を兼務し管理していた。その下で船肝煎《きもいり》が役として湊屋文右衛門が補佐していた。湊屋の邸宅は濃尾地震にも耐え、起渡船場の近くに現在も残っている（本書138ページ参照）。

起渡船場には通常時は2艘の船があり、1艘の置船を含め3艘の船で旅人の渡河を支えた。さらに、起の村内には鵜飼船17艘、馬船14艘があり、大名等の渡河に備えていた。大藩の通行時にはそれでも船が足らなくなるため、寄船をおこない木曽川流域の村々から船を集めた。

起川は増水により中洲の位置が変わることがある。渡船場から対岸まで一回の「一川越し」で対応できれば好都合であるが、中洲ができると天竜川のように二回に分けて渡河をおこなう「二川越し」をする必要があった。実際に渡河の方法は川の様子によって異なっていたことは船庄屋の林家の記録からもわかる。

朝鮮通信使の通行時には渡船ではなく、船橋が架橋された。その長さは国内でも最大規模であり、その壮大さは通信使の記録にも記されているほどである。

起渡船場は昭和31年（1956）に濃尾大橋の架橋により廃止され、堤防が建設されたことで渡船場の景観はなくなり、現在は金刀比羅社に常夜燈が残るのみである。対岸の羽島市の常夜燈は明和7年（1770）のもので、彦根藩の儒者龍公美の詩が刻まれている。

境川—小熊の渡し

境川は小熊川とも称され、各務原から長良川に合流する23km程度の河川である。起川を渡り、羽島市内の輪中を抜けると、美濃路はこの境川の左岸堤防沿いに往還筋があり、小熊の渡船場まで堤防上を通る。この道筋は狭く、車でのすれ違いも難しいが、当時の道幅と変わらないであろう。小熊川の川幅は20間余（36m）であり、木曽三川と比較すればその川幅は小さい。境川は木曽三川の陰に隠れて目立たないが、中世には墨俣川と同じく濃尾領国を分けた河川であった。戦国期までは現在の羽島市は尾張

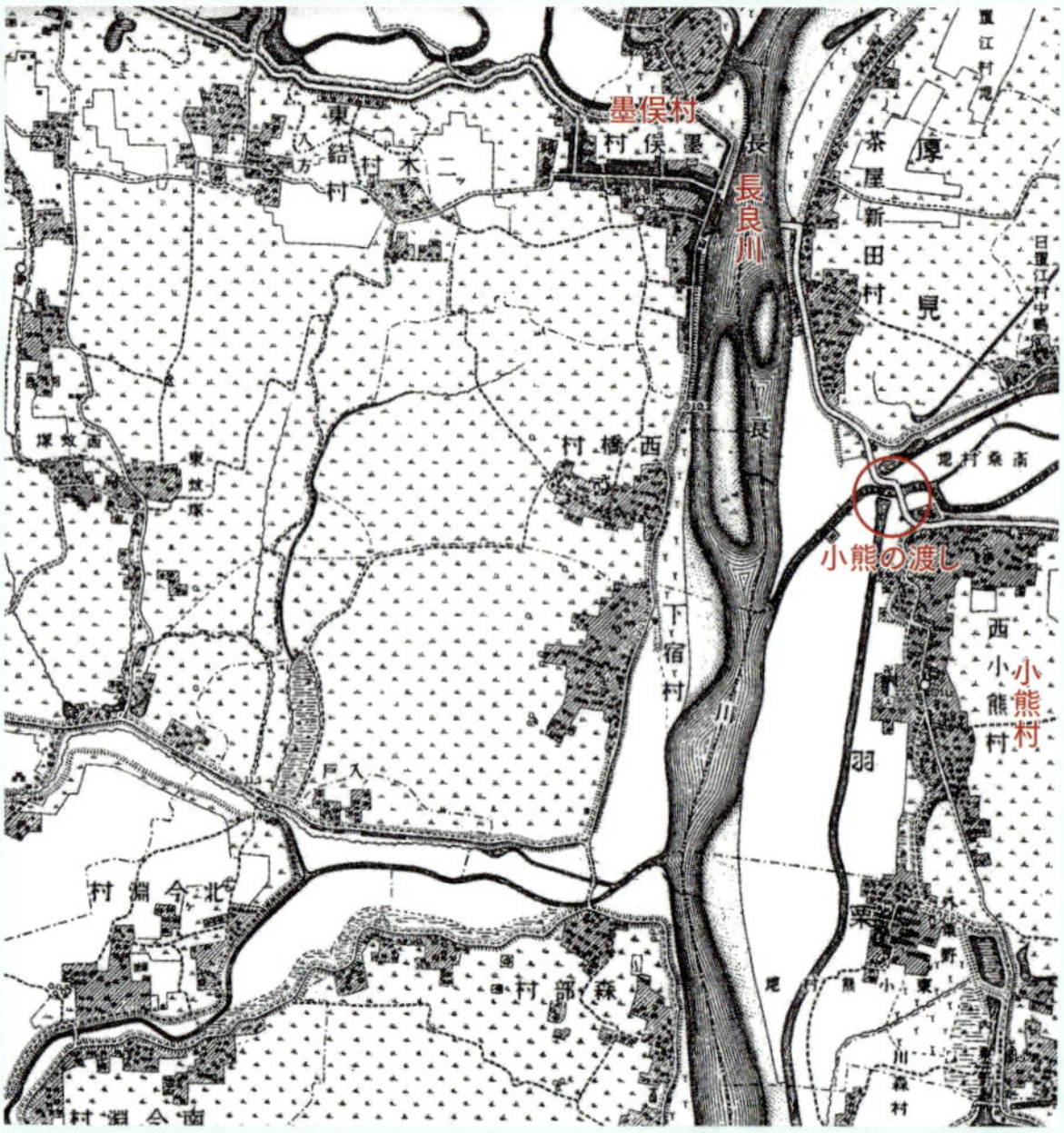

図4　1/2万「大垣」1891年　明治20年代の小熊村、墨俣村

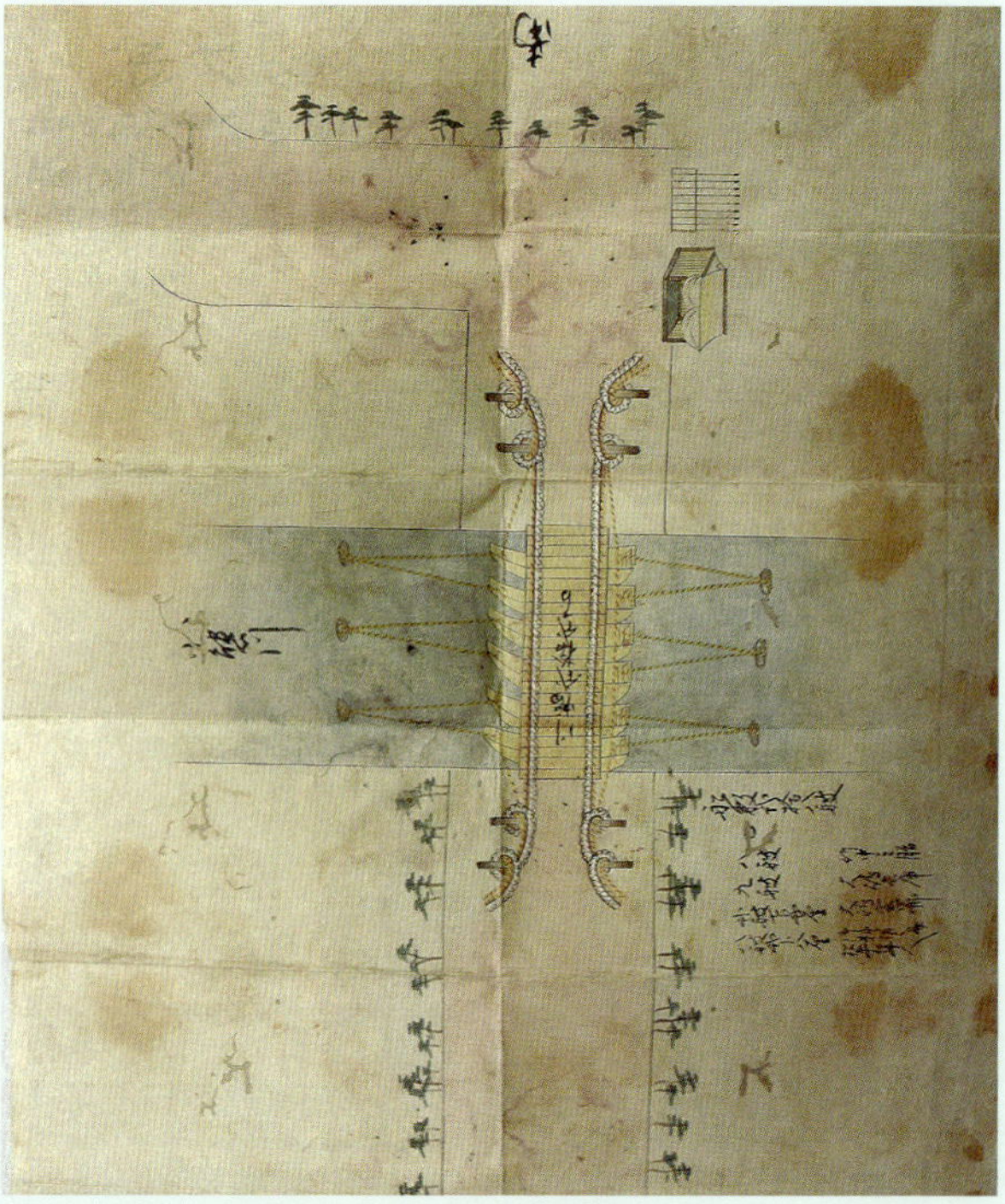

図5　小熊川船橋絵図　岐阜県歴史資料館所蔵

図6　小熊の渡し跡

国内であった。

小熊の渡船を挟んで西小熊村と御茶屋新田村（岐阜市）があり、渡船の管理は西小熊村がおこなっていた。西小熊村は元和5年（１６１９）以降、尾張藩領で人口も千人を超える大きな村であった。船は常時1艘で7人の船頭がおり、馬船も4艘用意されていた。

小熊は美濃路の宿場ではないが、中世東海道（鎌倉街道）の時代は宿場で墨俣川を挟んで小熊宿と墨俣宿があった。建久元年（１１９０）には鎌倉から上洛する源頼朝が宿泊している。美濃路では小熊は墨俣と並んで歴史ある地域といってもよい。明治30年（１８９７）に西小熊、東小熊、島、川森村が合併して小熊村となり、昭和29年（１９５４）に合併により羽島市となる。

朝鮮通信使の渡河時は他の河川と同じく船橋を架け、その船数は寛延元年（１７４８）の来朝時では28艘であり、美濃岩手の交代寄合竹中氏等4人の旗本が負担している。小熊川は川幅が狭いこともあり、琉球使節や紀州藩など朝鮮通信使以外の通行でも船橋が架けられることが多々あったようである。

長良川—墨俣の渡し

清流で知られる長良川は大日ヶ岳（岐阜県郡上市）を水源とし、岐阜県の中心部を流れる。美濃路の道中では墨俣川、中山道では河渡川と表記された。墨俣川の川幅は１２０間（約２１８m）で、常時2艘の船があり、大名等の渡河に備えて橋船8艘、鵜飼船2艘、馬船2艘が備えられていた。渡船を管理する川年寄は本陣沢井家、脇本陣安藤家等5名の宿・村役人が兼務していた。墨俣川の船橋は正徳元年の朝鮮通信使通行時には１０８艘の船が利用され、尾張藩が58艘、加納藩が50艘を負担した。

墨俣の渡船の歴史は古い。承和2年（８３５）太政官符には墨俣川を「東海東山両道之要路」と記しており、交通量が増加したことで2艘の船にさらに2艘を加え、宿場に相当する布施屋も設けたことが記されている。

この時期の墨俣宿は近世の墨俣宿より南に位置しており、名残として「上宿」や「下宿」という字名が残る。対岸は小熊である。『更級日記』や『十六夜日記』といった紀行文学にも度々墨俣が登場する。「墨俣一夜城」入口近くには『十六夜日記』の作者阿仏尼が墨俣で詠んだ歌の歌碑が建てられている。

交通の要所である墨俣は

図7　源義円地蔵

図8　阿仏尼歌碑

国内を二分するような合戦の舞台になることもあった。養和元年（1181）、源平の戦いの一つである墨俣川の戦いでは源行家と義円が川東、平重衡等が川西に

図9　墨俣渡船場常夜燈

布陣し、源氏が破れ、尾張に撤退している。「上宿」にはこの戦いで討死した源義円の墓が残る。承久の乱でも墨俣には朝廷軍が布陣するも、幕府軍に敗れている。まさに、墨俣川の攻防戦が戦局を左右したことがわかる。

　墨俣宿の北側に「墨俣一夜城」がある。天守のある城は創作であるが、天守か

図10　墨俣川古戦場跡

らは長良川や墨俣の街を一望できる。長良川に沿って西側にもう一本河川が流れているのがわかる。この河川は昭和5年（1930）から始まった犀川工事によって掘削された人工川である。墨俣宿の東側は長良川に面して町場が形成されていたが、この犀川工事により墨俣宿の東側は消滅し新犀川が流れている。墨俣渡船場の常夜燈は台座のみ墨俣神社に移設されている。

犀川工事と騒擾事件

　墨俣宿の東側を流れる

図11　一夜城から見た長良川と新犀川

新犀川は昭和5年（1930）～昭和11年（1936）の犀川工事で掘削された。墨俣の北部、本巣郡には犀川、五六川、中川、長護寺川が流れ、それらの河川は墨俣付近で長良川に流れていた。長良川本流の川床が高くなり、大雨になると逆流し本巣郡南部の村々は常に洪水に悩まされてきた。

大正後期にそれらの河川を合流させる新川の掘削が計画された。計画では本巣郡と安八郡を分ける旧美濃路堤防を分断し、現在の安八町の中央を通して長良川に合流させる方針となった。昭和3年（1928）には帝国議会で犀川改修の予算が可決、測量も開始された。しかし、地元の安八郡域の町村（墨俣町、結村、名森村、大藪町、福束村、仁木村）では村が分断され、洪水に悩まされるとして激しい反対運動が繰り広げられた。昭和4年（1929）1月には各町村長が辞表を提出し、1800人もの住民が県庁に押し掛けた。この騒動に警察だけでなく軍隊も出動した。反対運動に国は計画変更を決定した。墨俣の町の東側に長良川と平行して新犀川が流れるという現在の流れとなった。安八町名森小学校近くには村を救ったとして「義烈」の碑が建立されている。

騒動の背景には当時の政治情勢も関わっていたとされる。本巣郡は当時の政権与党政友会、安八郡は野党民政党の基盤であった。昭和3年の衆議院選挙で政友会と民政党の議席数は1議席差であり、民政党はこの犀川工事で攻勢を強めた。昭和4年（1929）7月には政友会（田中義一）から民政党（浜口雄幸）への政権交代があった。

図12　犀川事件碑

揖斐川─佐渡の渡し

揖斐川は岐阜・福井県境の高倉峠付近を水源にする河川である。中世においては現在の杭瀬《くいせ》川が本流となっていたようである。墨俣と同じく佐渡《さわたり》も中世東海道（鎌倉街道）が通る場所であったが、渡船の有無については定かではない。

現在は「揖斐川」という表記がされるが、江戸時代は「伊尾川」と表記されるのが一般的であった。美濃路の道中では佐渡川と記され、川幅は143間余（約260m）であった。起、小熊、墨俣の三川が尾張藩管轄であったのに対し、佐渡川は大垣藩（戸田家10万石）の管轄で、対岸の西結村（安八町）は幕府領大垣藩預地であった。なお、佐渡の上流には中山道の呂久渡船場があり、同じく大垣藩の管轄であった。尾張国内が尾張藩一円支配だったのに対し、美濃国内は尾張藩領、幕領、旗本領、小藩など領主が入り乱れている。

佐渡の渡船場には右岸堤防に嘉永7年（1854）に建てられた常夜燈が残る。佐渡の渡船の開設時期は明確ではないが、慶長15年（1610）に幕府より佐渡村内で屋敷高5石1斗

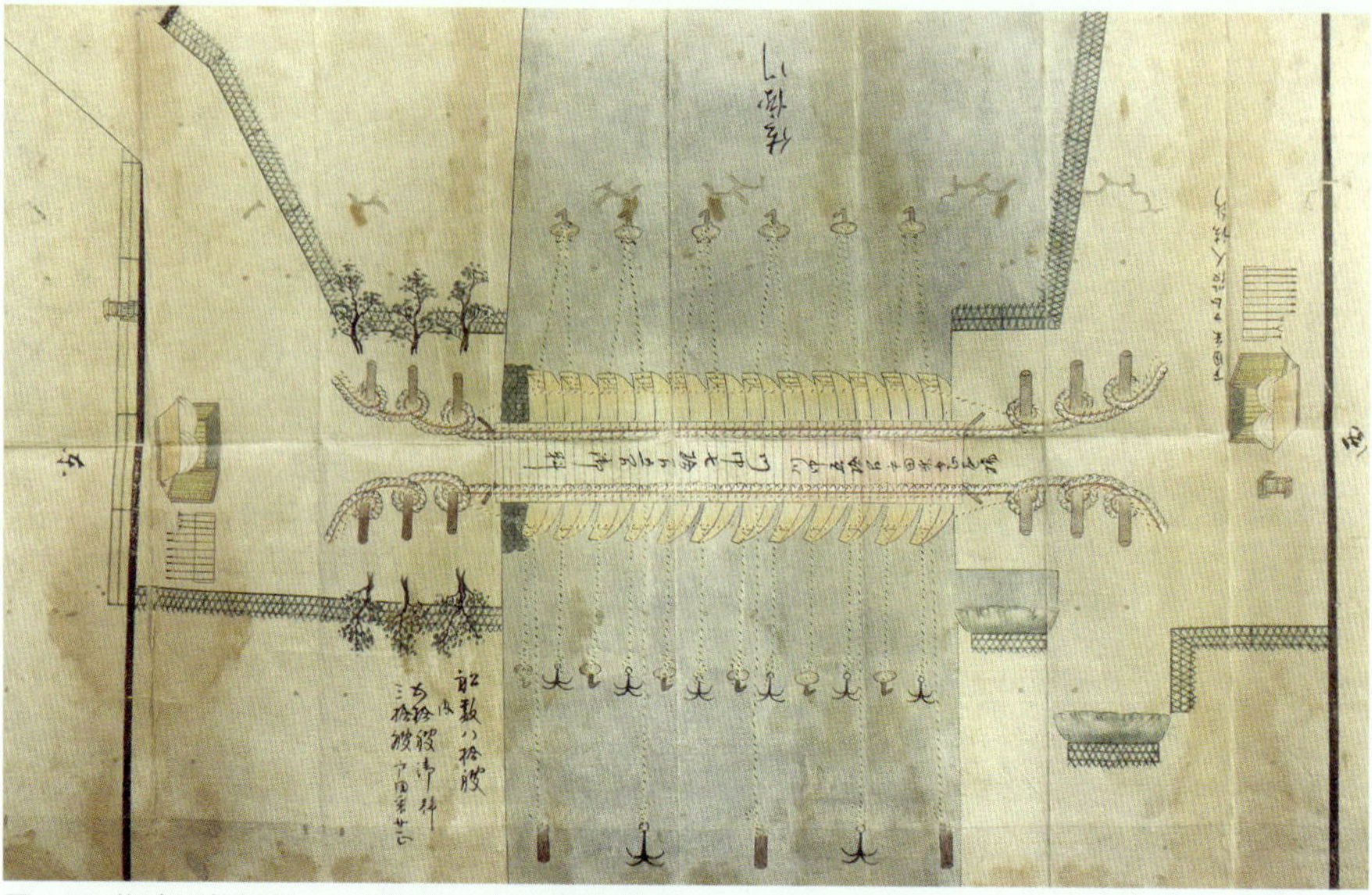

図13　佐渡川船橋絵図　岐阜県歴史資料館所蔵

図14　渡船場常夜燈

を与えられ、その後、大垣藩から給分を与えられたという。船年寄は子安家が務め、渡船が2艘と鵜飼船2艘が配置され、大名等の通行に際しては起川や墨俣川と同じく、周辺から船が集められた。他の三川と同じく朝鮮通信使の渡河時には船橋が西結と佐渡の間に架橋された。寛延元年（1748）の佐渡川船橋絵図には80艘の船が集められ、50艘は幕府、30艘は大垣藩が負担している。

渡船から橋へ

渡船は明治時代以降も川を渡る手段として人や物の流れを支えた。明治11年（1878）明治天皇の北陸東海巡幸の際には揖斐川の呂久（中山道）や木曽川の宝江（岐阜街道）に船橋が架橋されたのを機に渡船は一時的に廃止された。しかし、呂久は明治29年（1896）、宝江は明治14年（1881）に洪水で船橋が流出し、再度渡船が復活した。

図15　長良大橋

図16　揖斐大橋

図17　濃尾大橋

昭和初期になると、モータリゼーションの流れから、自動車が地方にも普及するようになり、次第に路面電車や渡船はその妨げとなってきた。

美濃路の4つの川の内、小熊川（境川）の渡船の廃止時期は明確ではない。明治20年代の地図には渡船が記されていない。川幅も狭く、船橋が架橋されることが多かったため、明治時代には渡船から橋に変わっていたと思われる。墨俣の渡船は長良大橋が竣工した昭和9年（1934）、佐渡の渡船は揖斐大橋が竣工した昭和8年（1933）頃に廃止されたと思われる。二つの橋とも構造が類似している。それはこの橋梁工事が岐垣国道建設に伴い実施されたからである。岐垣国道は岐阜と大垣を結ぶ道路で、現在の国道21号（岐大バイパス）が開通する昭和49年（1974）までは国道21号に指定されていた。二つの橋とも幅が広い。この理由はこの橋が自動車だけでなく、鉄道併用橋として建設されたからである。当初、養老鉄道（伊勢電気鉄道）による大垣・岐阜間の鉄道敷設計画があった。橋の南側に鉄道を通す予定で、鉄道橋部分は舗装されなかった。その後、伊勢電気鉄道の経営難により計画は中止となった。

川幅が広い起の渡船は濃尾大橋が架橋された昭和31年（1956）に廃止され、同時に駒塚の渡船も廃止となった。濃尾大橋は起と同じく、織物業で栄えていた竹ヶ鼻を結ぶ必要性から昭和24年（1949）に期成同盟が結成され、昭和27年（1952）に工事を開始し短時間で建設を完了した。

昭和30年～40年代にかけて木曽三川の渡船の多くが廃止されていった。

美濃路の支線

津島上街道

美濃路から通じる複数のルート

宮川充史

図1　1/2万「清洲」1891年　津島上街道

基点としての新川橋

津島天王祭り（図2）で知られる現在の津島神社は江戸時代には津島牛頭《ごず》天王《てんのう》社と称し、全国の津島信仰の本社であった。東国から伊勢参りに行く旅人は七里の渡しで伊勢に入るよりも、津島社を参詣した後に伊勢に入る旅人も多かったようである。大田区立郷土博物館が編纂した『弥次さん喜多さん旅をする』（平成9年）には北関東・東北の旅人100人の旅日記から行程が図表化されている。そのうち74の旅日記で伊勢参

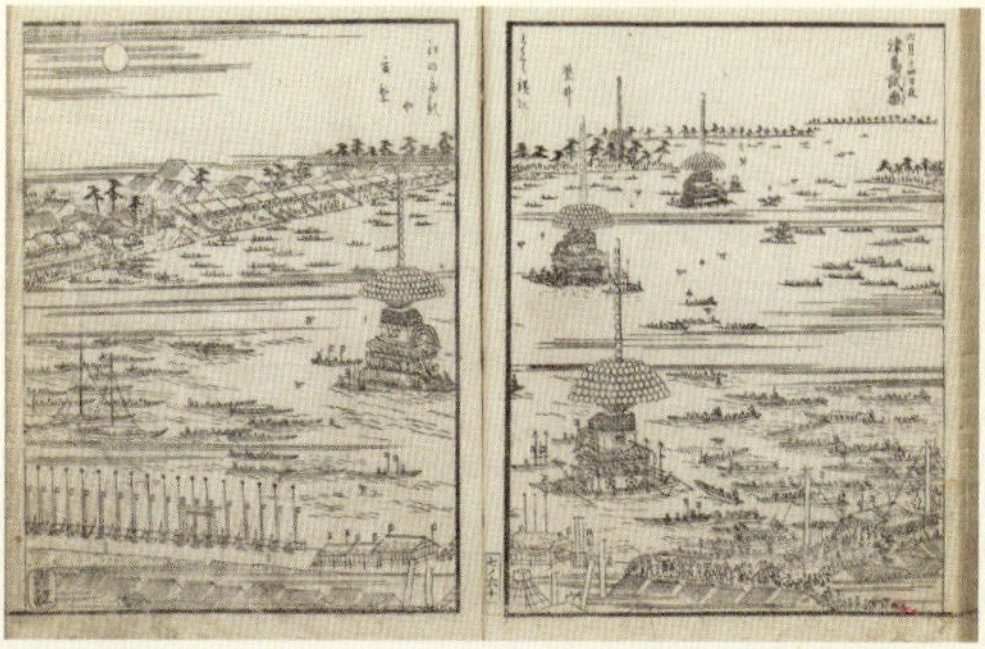

図2　津島試楽（出典：『尾張名所図会』）

宮前に津島社への参詣が確認されている。

江戸方面から津島に行くには佐屋路の埋田《うめだ》追分から津島に至る道以外にも、美濃路の新川橋を渡り、美濃路から分かれ、甚目寺、勝幡を経て津島社に続く街道を通る道がある（図1、3）。この街道は通称津島上《かみ》街道とも称されている。甚目寺は創建が597年とされる古刹で、門前町も形成されていた。先ほど紹介した津島参詣をした74の旅人の内、31の旅人が甚目寺を参詣したと旅日記に記している。『尾張名所図会』の新川橋の項目には「清洲街道（美濃路）と津島街道の追分にして、公私の旅人常に絶えず、繁昌の地なり」と記されている。佐屋路や津島上街道は江戸方面からの旅人が利用したと思われる。津島上街道を利用すれば美濃路の名所である名古屋城や枇杷島橋を見物することができた。

津島への道

この他にも美濃路には津島に通じる道が複数あった。清須宿からは八神街道を通り、中之庄から津島に向かう道があった。勝幡で津島上街道と合流する。稲葉宿には問屋場の石碑近くに「つしま道」と記された円形の道標があり（図4）、その道標より南に続く細い道が津島上街道に合流する。萩原で美濃路と交差する巡見街道も津島に通じていた。冨田の駒塚路にも「左おこし右つしま道」の道標があり（図5）、冨田から南下し、山崎、森上を経て津島に通じていた。冨田の道標は冨田一里塚の西側に移設されている。

なお、津島社への道標については出口清一氏がまとめた『津島江の道標』（昭和46年、『津島市史』〔5〕に再録）がある。その中には今日では移転されたり、所在が確認できない道標も多い。

図3　新川橋の道標

図4　稲葉宿つしま道標

図5　冨田の道標

美濃路の支線

八神街道

毛利家が名古屋に登城する際に使用

宮川充史

清須までほぼ一直線

八神街道は美濃路清須宿より美濃八神《やがみ》（羽島市八神）につながる街道である。八神は尾張藩家臣毛利家（三千石）の在所である。毛利氏は戦国時代には信長、秀吉に仕え、関ヶ原合戦後は尾張藩の家臣として八神付近を所領とした。毛利氏が居住した八神城跡（図

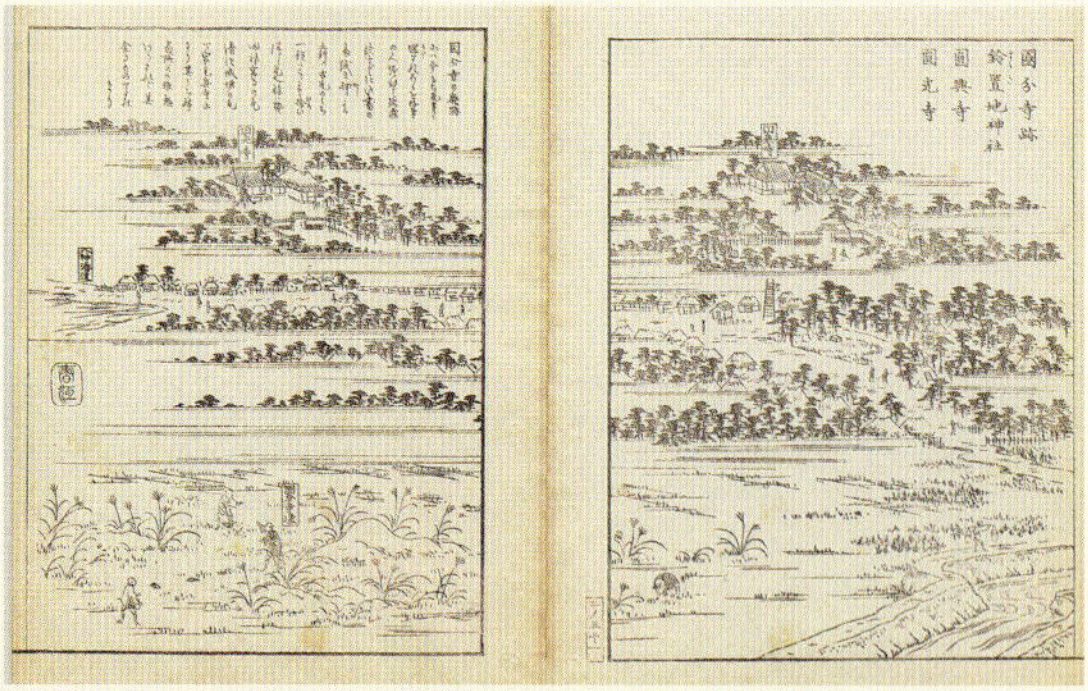
図１　国分寺跡鈴置地神社（出典：『尾張名所図会』）

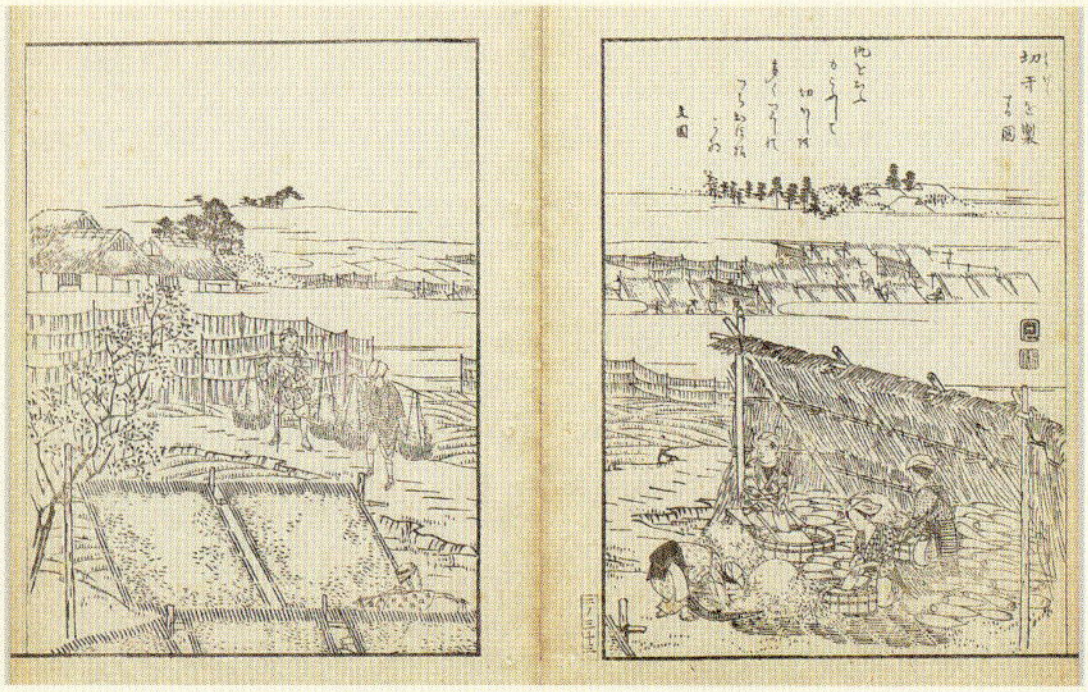
図２　切干を製する図（出典：『尾張名所図会』）

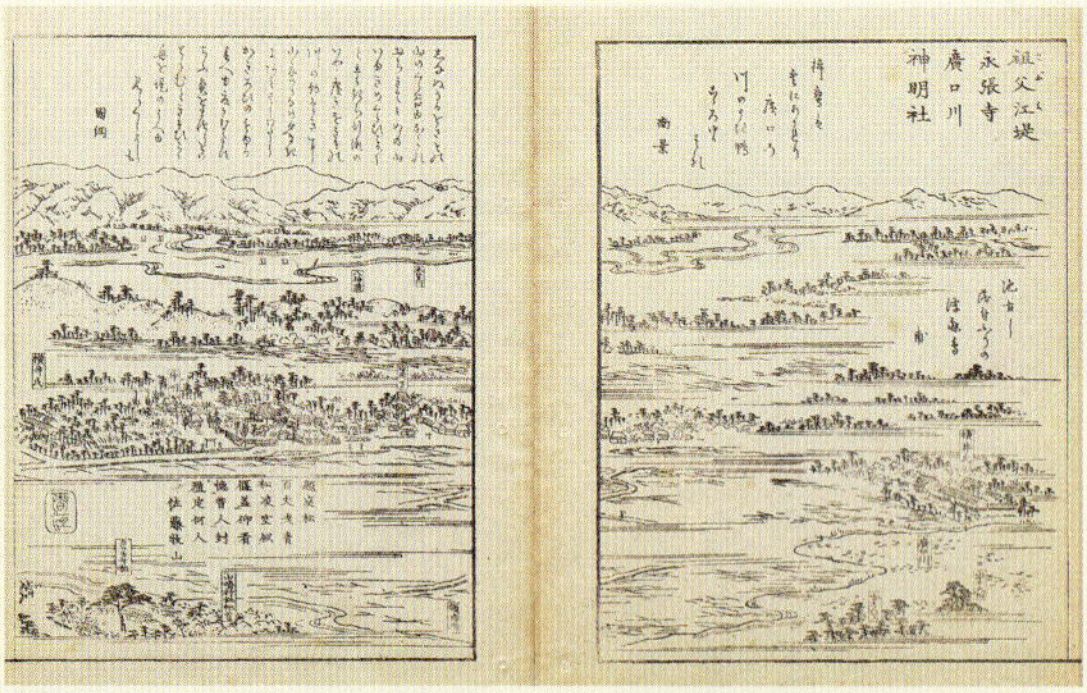
図３　祖父江堤　八神渡船（出典：『尾張名所図会』）

図5　八神街道道標（片原一色小学校）

図4　八神城跡

4）や菩提寺金宝寺に歴代の墓碑が残されている。

八神街道は毛利家が名古屋に登城する際に利用され、現在の愛知県道67号線に位置する。清須までほぼ一直線である。道中には道標も多く残され（図5）、善応寺、鈴置神社など、多く寺社が『尾張名所図会』に紹介されている（図1～3）。八神街道沿いの名所の一つが万病に効く水で有名な矢合観音である。矢合付近は尾張名産の切干大根の産地であり、『尾張名所図会』にも「切干を製する図」と題する挿絵に描かれている。伊吹山から濃尾平野に吹き降ろされる伊吹颪の風を活かして、大根を干す風景が最近まで見られたが、現在ではその風景もごく一部でしかみることができない。

稲沢市片原一色で巡見街道と交わり、日光川を渡る。ここに架橋された「古川橋」は欄干を有する立派な橋であったことが『片原一色村誌』に記されている。その先の祖父江の商店街を抜けると木曽川に出て、八神の渡船で川を渡る。『尾張名所図会』の「祖父江堤」には八神渡船が描かれている。

名鉄八神駅遺構

羽島市側には八神渡船跡の碑が残されている（図6）。八神渡船場は昭和51年（1976）の馬飼大橋の開通まで維持されていた。八神渡船跡からしばらく行くと昭和4年（1929）に設置され、廃線となった名鉄竹鼻線の八神駅の跡が残る。渡船と鉄道を利用すれば竹鼻まで行き来が可能だったことがわかる。さらに、八神からその先の長良川を渡れば御千代保《おちょぼ》稲荷や附家老竹腰《たけのこし》家の在所でもある今尾にも通じていた。八神街道は八神だけに通じるのではなく、美濃南部に通じる道でもあった。

図6　八神渡船場跡

美濃路の支線

岐阜街道

将軍家に鮎鮨を献上した道

杉江一吉

図1　毎年秋におこなわれる鮎鮨献上道中の再現

岐阜街道は、長良川で捕れた鮎を将軍家に献上する鮎鮨が運ばれたことから「鮎鮓街道」とか「御鮨街道」とも呼ばれている（図1）。鵜飼と江戸幕府との関わりは、美濃国奉行であった大久保長安が慶長8年（1603）に鵜飼保護の触書を出したことに始まる。その後、岐阜町が尾張藩領になると尾張藩から幕府への献上品として鮎鮨が送られるようになった。岐阜の大仏殿の近くにある御鮨元《おすしもと》（岐阜市益屋町付近）で「熟《な》れ鮨《すし》」に加工した鮎を桶に入れ、加納、笠松と引継ぎ、笠松から宝江《ほうえ》の渡しで、木曽川を渡った。尾張国に入り、四家追分（図2）で美濃路に入り、熱田で東海道を通り、最後は江戸・市谷の尾張藩邸へと向かった。

図2　四家追分の碑

　輸送期間を鮎鮨の発酵期間にあて、到着時に食べごろとするため時間に厳格で、荷物の包み方、運び方まで厳しくチェックした。笠松の高嶋家には、荷の受け渡しを記録する「刻付帳《こくづけちょう》」という古文書が残されている。

　鮎鮨は、毎年5月から8月の間に10回ほど岐阜から江戸まで昼夜を問わず、4日～5日間で運ばれた。

岐阜街道を歩いてみよう

　将軍に献上した鮎鮨の出発点は、厳密に言えば鮎鮨の作られた「御鮨所」と呼ばれる正法寺大仏殿の近くにある。今は、住宅地の中に看板が立っているだけである。歩いて楽しいのは、長良川の鮎にこだわり、鵜飼観覧船事務所の前としたい（図3）。老舗旅館「十八楼」

図3　鵜飼観覧船乗り場

の中庭には、松尾芭蕉の句碑がある。「このあたり目に見ゆるものは皆涼し」

川原町と呼ばれる風情のある街を通る。古い家並みが続く道には、「岐阜うちわ」の店や鮎の「熟れ鮨」を賞味できる店がある。

岐阜市の中心部を縦貫する長良橋通りを横切ると、レトロな街並みが現れる。通りには、原三渓ゆかりの旧旅館や蟹の店が続くが、一歩東に入った所に尾張藩の「岐阜町奉行所跡」があった。江戸時代当初は、幕府の直轄だった岐阜町は元和5年（1619）に尾張藩領になることは、前に述べた通りである。

岐阜の繁華街・柳ケ瀬方面に向かって更に歩くと玄関先に大きな釣鐘のある岡本太右衛門宅がある（図4）。織田信長の楽市楽座のシンボルだった「美薗の榎」を見て、加納の問屋場跡に着く。

しばらく中山道と岐阜街道とは重複している。このことは、マンホールの蓋を見ると両方の名前が書いてあり（図5）、よくわかる。名鉄本線茶所駅の手前で岐阜街道は、中山道と離れる。

この辺り「八丁畷」と言って歌川広重の描いた「木曽海道六十九次之内」「加納」に描かれた風景を彷彿とさせる。

笠松へは、境川の堤防道路を歩く、北を見ると金華山、西を見ると伊吹山が眺められる。

笠松の街中には、笠松問屋場高嶋家が残っている。「鮎鮨街道」の碑も立っている。しばらく行くと笠松町立歴史未来館があり、岐阜街道や笠松陣屋の展示もしているので、国の登録文化財「杉山邸」とともにぜひ立ち寄りたい。

「笠松川湊」には、木曽川の水運の名残り「木曽川渡船場石畳」が残っており、往時を偲ばせる（図6）。

将軍家への献上鮎は、木曽川を船で渡り、尾張藩領へと続く。山内一豊の生まれた黒田（一宮市）、真清田神社、下津を通り、稲沢市四ッ家で美濃路と合流する。

図4　岡本家

図5　マンホールふた

図6　川湊の石畳み

美濃路の支線

巡見街道

領内が治まっているか巡察した道

宮川充史

幕府の巡見使が通行した道

巡見街道とは諸国を巡察する幕府巡見使が通行した道である。寛永10年（1633）を最初に将軍の代替時に派遣された。全国を八つの区にわけ、尾張には刈谷から尾張東部に入り、犬山から飛保の曼陀羅寺、一宮、苅安賀、萩原宿を経て津島に入り、佐屋宿から伊勢に至る（図1）。天保の村絵図には村の巡見街道筋に「御巡見道」や「御巡見筋」という道名が記されている。また、『尾張徇行記』にも「巡見街道」が利用されている村もある。なお、巡見街道が通り、在町として発展した苅安賀を紹介した『尾張名所図会』には一宮道、萩原道と記されている（図2）。萩原宿は巡見街道と美濃路が交差する場所にあり、明治以降は尾西線が開通している。

沿道の村々に出されたお触書

巡見使は幕府の武官である使番、書院番、小姓組の中から3名が選ばれる。使番は命令を伝える役職で、書院番や小姓組は将軍や江戸城の警備をおこなう。戦時には彼等は将軍の親衛隊

図1　巡見使の行程略図（櫻井芳昭『尾張の街道と村』の「尾張・三河の天保巡見使の経路」をもとに作図）

として活動する。巡見使一行は30~40名程度の規模である。大名行列が行き交う東海道や美濃路のような主要街道にとっては、行列はある程度は見慣れたものであるが、主要街道から外れた村々を通る巡見使の行列は人々を驚かせたであろう。森徳一郎が編纂した『一宮市史』西成編には天明8年（1788）、11代徳川家斉襲職後に派遣された巡見使の受け入れに関して、沿道の村々に発せられた尾張藩の触が紹介されている。その中に巡見使の行列を見物に行ってはならないとある。

巡見使派遣の目的は将軍が大名たちに安堵した領内が治まっているかを巡察することにある。藩側は巡見使の通行には注意を払っている。巡見使の質問にどのように答えるかの解答まであった。江戸時代後期には巡見使の派遣は形式的なものとなっていたようである。天明8年から50年後の天保9年（1838）の12代徳川家慶《いえよし》襲職後の派遣が最後となる。この時の村々の様子については昭和初期に編纂された『一宮市史』や『江南市史』資料編3古文書編下が詳しい。天明8年、天保9年とも巡見使は犬山で宿泊し、曼陀羅寺で昼休、萩原で宿泊という行程をとっている。

家定が13代将軍に襲職したのは、ペリー来航後の嘉永6年（1853）であり、派遣する余裕もなくなっていたのであろう。巡見使派遣の意義は、全国の土地と人民は将軍のもので、大名はそれを与えられているという意識を認識させることにもあった。巡見使派遣がなくなることは幕府の権威の弱体化を意味していたともいえる。

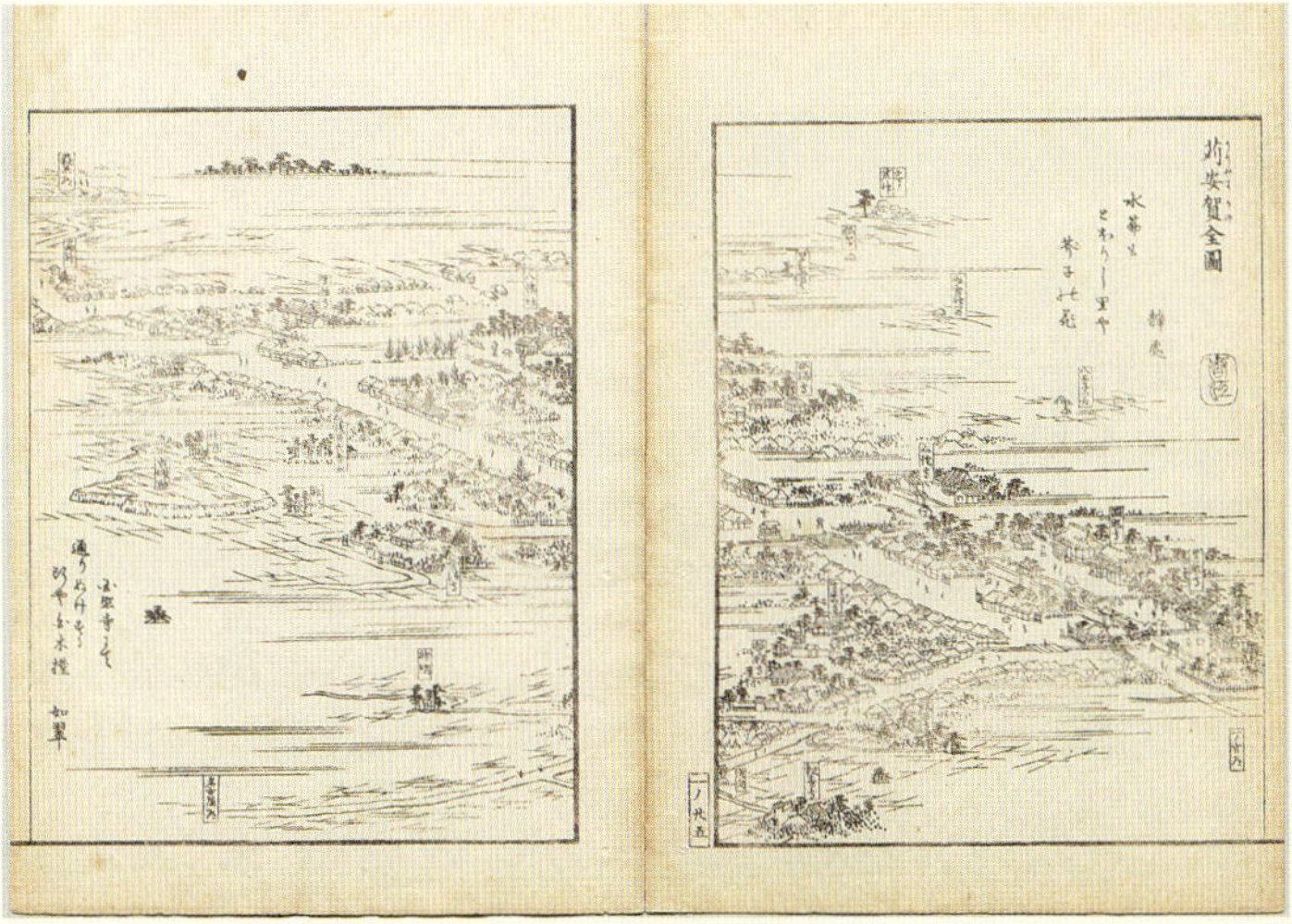
図2　苅安賀全図（出典：『尾張名所図会』）

美濃路の支線

竹鼻街道（駒塚街道）

美濃路より一里短縮できた近道

鈴木隆雄

竹鼻街道は、大垣宿の本町新町口で美濃路と別れ、揖斐川の平《ひら》の渡し・長良川の本郷の渡しを経て竹鼻までの往来に利用される街道であった。竹鼻は元来「竹ケ鼻」といったが、羽島市制施行後に「竹鼻」に統一された。江戸時代中期の戸数は430軒、人口は2千人ほどであった。毎月六斎市が開かれ活況を呈した。享保11年（1726）に木曽川に駒塚の渡しが開かれると、尾張冨田で再び美濃路に合流するようになった。この街道を利用すると、美濃路を直進するより一里ほど近道であったので利用する旅人が多かった。

図1　平の常夜燈

図2　本町道標

数多い道標地蔵

新町口には文政9年（1826）に建てられた本町道標が復元されている（図2）。昭和48年の再建である。「左江戸道　右京道」の刻字は、美濃路から東海道を経由して江戸へ、中山道を経由して京都へと、それぞれ案内しているが、この地点は竹鼻街道の起点ともなった。道標を東に向かい、大運寺の手前を右折すると等覚坊・徳秀寺・浄覚寺があり、その後に移転した寺院を含め、まさに「寺町」の様相を呈していた。大垣城下で緊急事態が発生した場合は、ここに藩士が集結することになっていたという。その後、ゆるやかな曲線を描きながら街道は輪中堤上を東南に進み、新規川の流れに出会う。その名から新しい河川のように思えるが、実は古い歴史をもっている。延宝5年（1677）3月、3代大垣藩主戸田氏西《うじあき》によって開削された水路である。寛文・延宝年間において城東城北一帯の低地は、降雨時に水が溜まり、なかなか減水せず湿地帯となっていた。これを憂いた氏西が、新たに河川を開削して悪水の排除を図ったのである。

図3　新規川西詰地蔵道標

新規川に架かる橋の西詰に道標地蔵があり、右折すると津島に至る道、左折（直進）すると竹ヶ鼻に至る道であることを、それぞれ案内している（図3）。輪中堤上をさらに進むと街道は南に方向を変え、左手に「右竹ケはなミち　左大がきミち」と案内する道標地蔵と自然石の「竹ケ鼻道」の道標があり、平《ひら》の集落の入り口の十字路には「左竹がはな道　右大がき道」の道標地蔵（図4）と「右大垣　左竹ケ鼻」の道標がある。竹ケ鼻道や大垣道を案内する道標地蔵はこの後も沿道に何か所も点在し、この街道の特徴となっている。

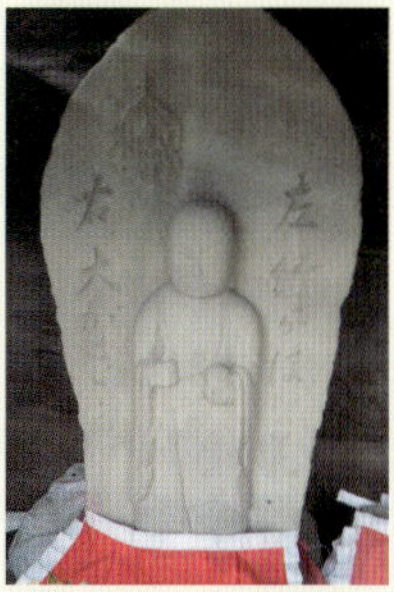
図4　平の地蔵道標

美濃路との合流点

十字路を左折して平の町並を過ぎ、揖斐川の堤防に上がると平の渡し場の跡地である（図5）。対岸からの目印となった太神宮の常夜燈と水神が祀られている。揖斐川を渡った対岸にも弘化3年（1846）に建立された常夜燈があり、東面に金比羅大権現と多賀大明神、西面に秋葉大権現と八幡大菩薩、南面には「国土安全 子孫長久 名古屋淀屋十助 同杉屋佐兵衛」、「北面には天下泰平 往来安全 名古屋杉屋佐助 平村 米屋政右エ門」と刻まれている（図1）。さらに進んで長良川の本郷の渡し、木曽川の駒塚の渡しを越えると尾張冨田で美濃路に出る。ここには「左駒塚道 船渡へ五丁」の道標が立ち、美濃路との合流点となると共に竹鼻街道の終点を示している。

図5　平の渡し跡

美濃路の支線

大島堤通（紀州街道）

大垣を通らず中山道に至る道

宮川充史

図1　中山道墨俣道追分道標

非公認の道

文政4年（1821）、江戸から帰国する鳥取藩主池田家が佐渡《さわたり》の渡船場の隣村小野村が増水で通行ができず、揖斐川の堤通を通り、中山道赤坂宿に至ったという届が幕府に寄せられた。本来の道筋である大垣を通行せずに中山道に至る脇道通行であった。本来、このような脇道通行は認められていない。すでに鳥取藩は以前にも何回か通行しており、その時の道中奉行も知っている旨を伝える。時の道中奉行石川忠房が調べると鳥取藩に限らず多数の藩の通行が確認できた。道中奉行は脇道規制を老中水野忠成に上申するが、水野は脇道通行の禁止は洪水時等に支障が出ることから、届出をさせることで全面禁止にはならなかった。

大垣を通行しないこの脇道は大島堤通や墨俣道とい

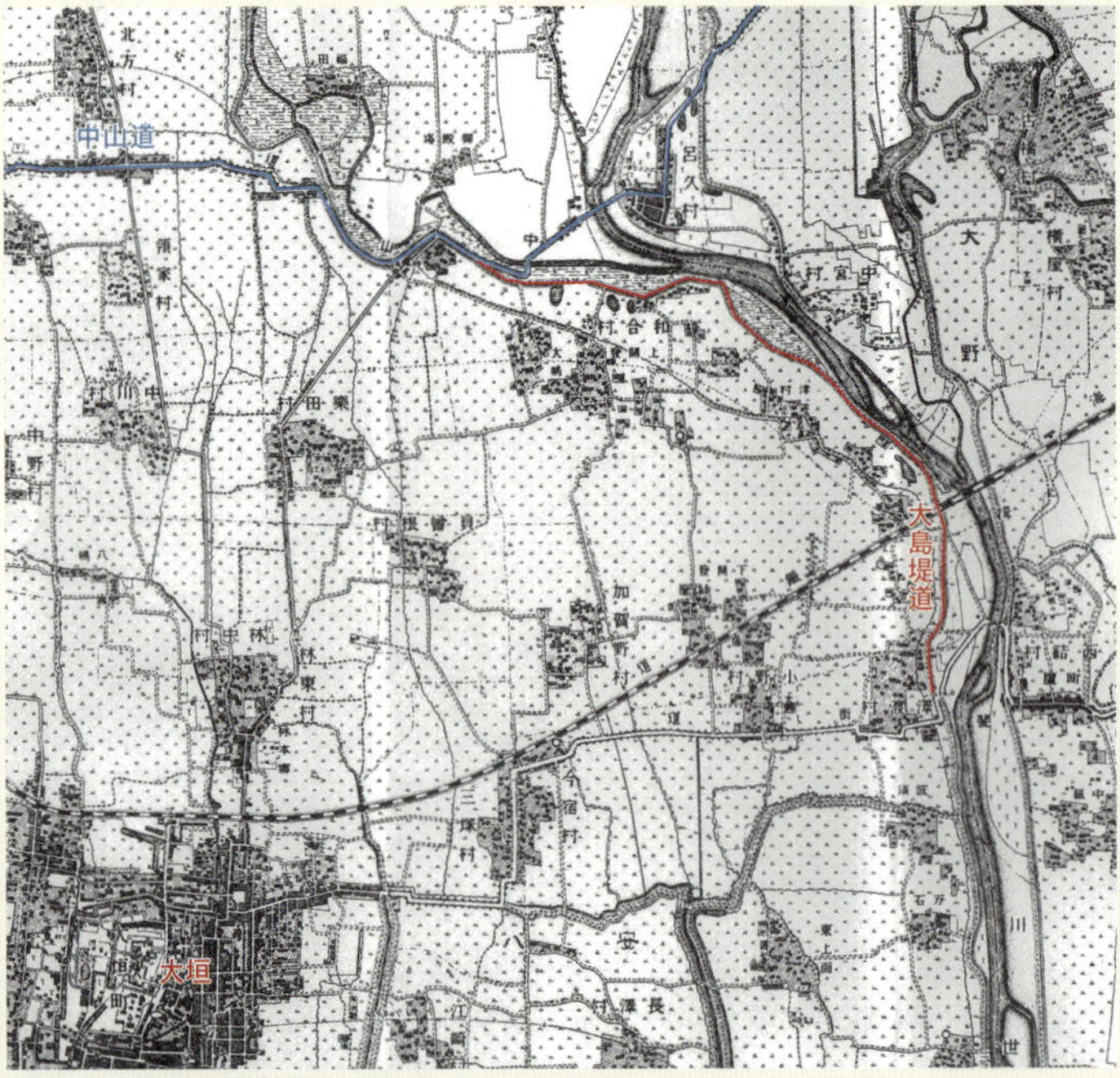

図2　1/2万「大垣」1891年　大島堤道のルート

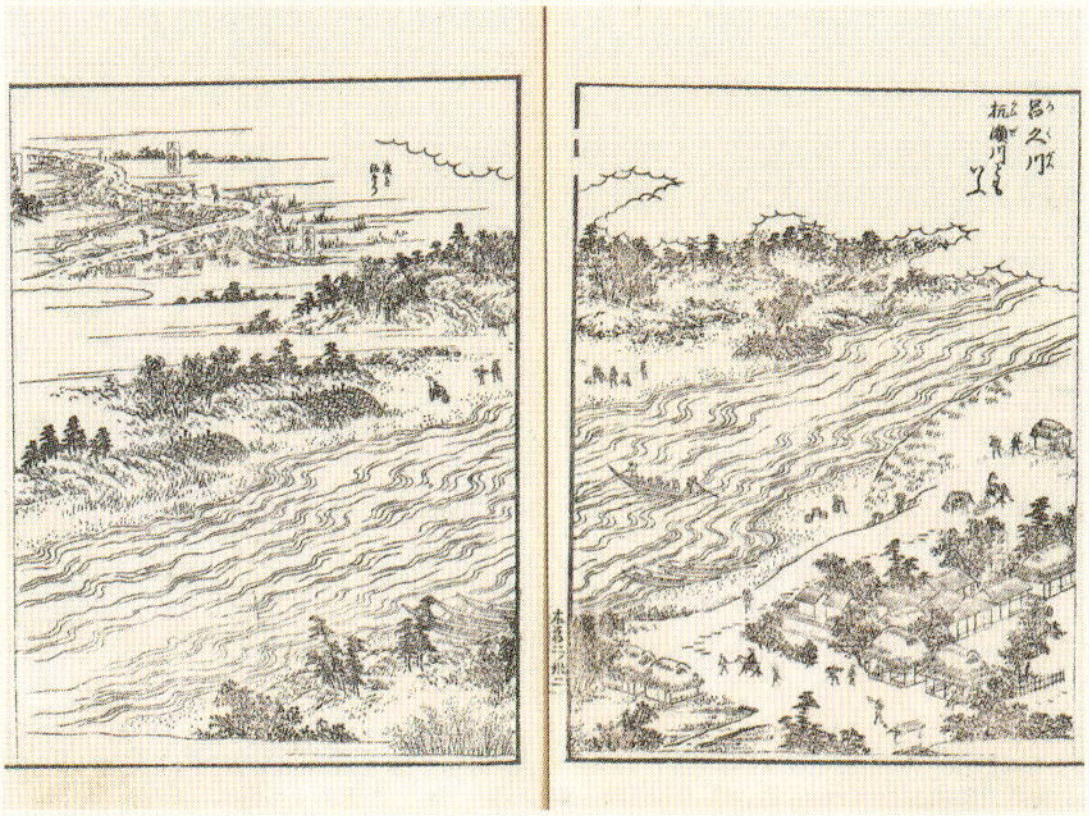

図3　呂久川之図（出典：『木曽路名所図会』埼玉県立図書館所蔵）

われる。現在でも堤防上は道路が通り交通量は多い。『木曽路名所図会』の呂久川之図（図3）には墨俣道と記され、分岐点には「左きそじ右すのまた道」の道標が現在も残っている。距離は大島堤通の方が美濃路本道より若干短いがそれほど大きく変わることはない。大島堤通を通る最大のメリットは洪水が頻発する大谷川や大垣輪中内を回避できるということであった。佐渡渡船場から大垣輪中内に街道が通っており、特に大谷川は頻繁に洪水を引き起こした。実際に将軍家御用の御茶壺がこの大島堤通を通行して美濃路に入ることもあった。

美濃路に不可欠だった脇道

御三家の紀州藩の参勤交代のルートは江戸時代中期より美濃路が多くなり、19世紀に入ればほぼ美濃路に固定化される。ところが、紀州藩は大垣を通らず大島堤通を通行する。中山道宿村大概帳にも大島堤通については記されており、紀州藩は洪水に関係なく通行があり、「紀州街道」と称されていたことが記されている。実際に紀州藩の参勤交代はほぼ大島堤通を通行していることが確認されている。洪水に関わらず通行があったというのは本当である。紀州藩主だけでなく、紀州藩関係者の通行もあり、大島堤通はまさに紀州街道であったといえる。しかし、どのような理由で紀州藩がこの脇道を常道としたかは定かではない。大垣祭りや洪水を回避するためとも言われるが、毎回祭りや洪水と遭遇することは考えにくい。

本道から外れる脇道通行を幕府は認めていない。しかし、主要幹線は一本では災害時に全ての流れが麻痺する。そのため、その主要幹線と同等に重視されるバイパスが必要になってくる。輪中地帯を突き抜ける美濃路にとって大島堤通は必要不可欠な脇道だったのである。老中水野忠成の判断は妥当であったといえよう。

美濃路の支線

多良街道

高木家の参勤交代に利用された道

宮川充史

二つの街道

多良街道という名称を持つ街道は二つある。一つは美濃路の杭瀬川右岸の塩田付近から綾野、室原を経て九里半街道沢田地区（養老町沢田）につながる道である。区画整理で道筋の多くが消滅したが、象鼻山古墳の麓に一部道筋が残っている（図1）。

図1　養老に残る多良街道

もう一つは萩原宿から西中野渡船場に続き、羽島市、輪之内町を通り、九里半街道の起点である船附に通じる街道である（図3）。西中野村絵図には「多良海道」と記されている。西中野渡船場は木曽川に残る唯一の渡船である（図4）。渡船場の近くの上祖父江地区には国学者本居大平門下の小塚直持の墓がある。直持は和歌に秀でた人物で、起宿でも歌会を開催している。その書籍は小塚文庫として残されている。羽島市内は区画整理で道筋はほぼ消滅しているが、大藪大橋を渡り輪之内町内に入ると道筋ははっきりと残っている（図2）。多良街道を歩くには輪之内町が発行した立派なマップが役に立つ。大藪大橋を渡ると大藪渡船跡がある（図5）。大藪渡船は昭和63年（1988）の大藪大橋開通まで運行していた渡船であった。この道筋を歩いていると、輪中地帯の特色である水屋を見ることもできる。さらに、旧仁木小学校舎（明治戊申館）は明治の風情を残した建物である。揖斐川の福束大橋を渡り、さらに牧田川を越えると船附に到着する。福束には関ヶ原合戦と関わる福束城があったが、河川改修で跡地もない。福束城は揖斐川の舟運を押える要所に

図2　多良街道の道筋

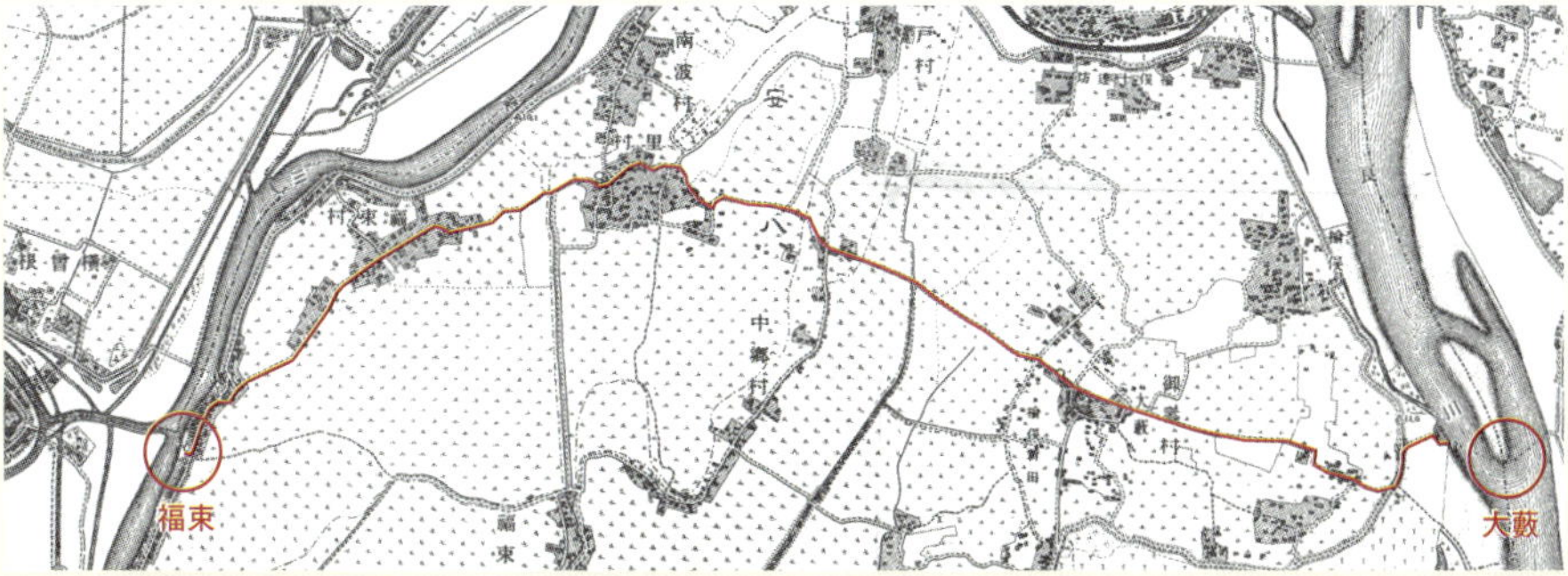

図3　1/2万「船着村」1891年　輪之内町内の多良街道

図5　大藪渡船場跡

図4　西中野渡船場

あり、石田方の丸毛兼利が守備していたが、8月16日に徳川方の徳永寿昌（松之木城）と市橋長勝（今尾城）の攻撃により陥落している。福東大橋の近くの福満寺の境内に福東城や合戦の説明看板がある。

高木家の参勤交代にも使用

多良とは旧上石津町の多良地区のことである。この多良付近を治めていたのが、交代寄合の高木家であった。交代寄合は旗本でありながら大名に準じる家格で参勤交代をおこなっていた。多良街道はその高木家が江戸に参勤する際に利用された街道であった。中山道を利用する時は大垣経由、東海道を利用する時は萩原経由の多良街道が利用されたと思われる。高木家文書（名古屋大学図書館所蔵）には高木家が萩原宿や大藪で宿泊した史料や行程表も残っており、高木家が萩原から多良まで多良街道を利用したことがわかる。

もちろん、多良街道は高木家の参勤交代だけに利用されたわけではない。前述した小塚直持は京都に赴く際には西中野の渡船を利用しており、高田（養老町）で昼休の後、中山道柏原宿に宿泊している。多良街道から九里半街道を利用して中山道に入ったのは明確である。また、西美濃を代表する名所である「養老の瀧」に行くにもこの多良街道が利用された。

図1　古渡一里塚跡

図3　井之口一里塚跡

図2　須ヶ口一里塚跡

図4　小沢一里塚跡

美濃路の一里塚

宮川充史

表1　美濃路の一里塚

名称	状態	所在地
古渡一里塚	看板	名古屋市
江川一里塚	看板	名古屋市
須ヶ口一里塚	石碑	清須市
井ノ口一里塚	看板	稲沢市
小沢一里塚	看板	稲沢市
高木一里塚	石碑	一宮市
冨田一里塚	両塚現存	一宮市
不破一色一里塚	石碑	羽島市
東小熊一里塚	石碑	羽島市
東結一里塚	石碑	安八町
三塚一里塚	石碑	大垣市
久徳一里塚	片側現存	大垣市
綾戸一里塚	なし	垂井町

＊状態は平成29年5月頃のもの

起点は江戸にあり

街道に一定の距離ごとに目印を設置することは、古代ローマのアッピア街道のマイルストーンや中国魏《ぎ》の時代に文帝が道の傍らに銅《どう》標《ひょう》を置く等、中央政権が誕生し、交通網が整備された時代ならおそらく考えつくことであろう。日本では街道に一里（約4km）ごとに

図5　高木一里塚跡

図7　不破一色一里塚跡

図6　冨田一里塚

図8　小熊一里塚跡

造られた一里塚があり、中世戦国時代にはその存在を確認できるが、全国の主要街道に一里塚が配置されたのは江戸時代になってからである。その起点は江戸である。一里ごとといっても、正確に一里ごとに置かれているわけではない。実際に測ると過不足が生じていることが多い。

美濃路は2カ所現存

　ここでは美濃路の一里塚について紹介したい。児玉幸多氏が五街道とその付属街道の一里塚の調査をしており、それに依拠するところが多い。「宿村大概帳」によると、東海道には104個。中山道には107個の一里塚があったが、「宿村大概帳」は宿駅の情報を記すのが目的でもあるため、東海道の場合、始点は品川、中山道では板橋となっており、日本橋・品川間、日本橋から板橋までの区間の状態は記されておらず一里塚も記されていない。現在残っている一里塚は少なく、多くは「一里塚跡」という石碑が残されているにすぎない。一里塚には榎が植えられていることが多いが、松が植えられることも多く、日光道中では杉が最も多い。

　美濃路には12の一里塚が記されているが、「美濃路宿村大概帳」の記載から漏れた名古屋・熱田間の古渡一里塚を加え13の一里塚があった。しかし、現在残っているのは冨田一里塚（一宮市）と久徳一里塚（大垣市）のみである（図6、11）。

図9　東結一里塚跡

図11　久徳一里塚

図10　三塚一里塚跡

残りの一里塚跡の多くに石碑や看板が建てられているが、注意していないと見落とすこともある。美濃路の一里塚に植えられている木はすべて榎であったと記されている。

冨田一里塚は国指定史跡

美濃路に残る一里塚は冨田と久徳の2カ所であるが、一里塚の痕跡を残した一里塚が冨田一里塚より江戸方面に位置する次の高木の一里塚（一宮市萩原町高木）である（図5）。現在は一里塚跡を示す石碑が建てられているだけであるが、その跡地をじっくり見ると円形になっていることに気づく。一里塚があった痕跡をよく示している。この碑が建つ以前は円形の田であったという。

久徳一里塚は片側だけしか残されていないが、冨田一里塚にはない大きな塚を有している。冨田一里塚は全国でも珍しく両塚が残っており、昭和12年（1937）に国指定史跡となっている。冨田一里塚の西塚付近には冨田地区にあった道標が移設され、説明看板も設置されている。萩原方面から歩いてくると、西塚の巨大な榎が目立つ。その榎から北西方面を見ると冬の晴れた日なら雪化粧をした伊吹山が家々の間から見える。東塚は台風や落雷により何度か消滅の危機にあったが、治療整備を施し現存している。付近にあった松並木は消滅したため、この巨木が一層目立つ。美濃路を代表する史跡のみならず、全国の一里塚の中でも有数のものであろう。

戦中の伐採や戦後の高度成長の過程で冨田地区からも松並木が消滅していく中、冨田一里塚は残された。昭和12年に国指定史跡となったことの意義は極めて大きい。

◉西方寺の道標

道標は街道の分岐点に置かれていた。大都会の雑踏の中にも残っていることも多く、そのような道標を見つけると歴史を感じる。江戸中期に日本に来日したツンベルクは街道沿いの道標について次のように記している。

　里程を示す杭が至る所に立てられ、どれほどの距離を旅したかを示すのみならず、道がどのように続いているかを記している。この種の杭は道路の分岐点にも立っており、旅する者もそう迷うようなことはない。

（『江戸参府随行記』高橋文訳）

美濃路に残っている道標の多くはこれまでの中で紹介した。その中で紹介できなかった西方寺への道標を紹介したい。西方寺は美濃路からはやや外れ、鎌倉街道の沿道に位置しており、聖徳太子創建と伝わる名刹である。門前には「聖徳太子親鸞聖人遺跡」という文政4年の石碑が建てられている（図1）。親鸞が関東から京都に戻る際に逗留し、住職西円が親鸞の教えに帰依し浄土真宗に改宗した。

美濃路にある西方寺への道標は現在の羽島市南宿の消防車庫前（図2）と美濃路と境川の堤防が合流する箇所（図3）に建っている。南宿の道標は大きな石柱で「親鸞聖人御旧跡」「寺田山渋谷院西方寺」「従是北六丁」と刻まれている。境川の道標は二体の地蔵とともにあり、地蔵には「右笠松西方寺道」「左すぐ墨俣大垣道」と刻まれ、もう一体には「是より西方寺江五丁」「同かさまつ江一里」とある。

図1　西方寺

図2　西方寺への道標

図3　西方寺への道標（境川）

図1　綾戸の松並木

美濃路の史跡

垂井の松並木

鈴木隆雄

燃料や軍事資材にもなった

松並木は街道に風情を添えるものとして景観的効果をもたらしただけでなく、夏は木陰をつくり、冬は積雪や木枯らしを防ぐなど、街道を往来する旅人の精神的・肉体的疲労をやわらげる存在であった。また、並木から落下する松葉や松かさは、沿道の農民らにとって貴重な燃料資源となっていた。さらに橋梁の補修材や幕府を守るための軍事用資材にも供されたという。

江戸幕府はこれら並木について厳しく規制し、さまざまの保護策を講じている。並木の伐採には道中奉行の承認を必要とし、枯れ木の枝折れ根返りが発生した場合には、領主から幕府への届け出を義務づけ、道中奉行から跡地へ苗木を植えるよう指示があった。

明治期の保護策も効き目なし

このような保護策は明治期に入ってからも講じられ、各地の街道沿線には近代になっても並木は存在し続けた。しかし、さまざまな要因によって並木の伐採等が進むことになった。

湊町として発展した大垣

船町の西方にある中久瀬川は宝永5年（1708）に美濃路の南側200間に住家が建ち並んだのに続き、明和7年（1770）9月には北側にも住家を作るために松並木を伐り取っている。開発の名のもとに伐採されたのである。藤江町の東・加賀野前・小野・沢渡には戦前まで老松の並木が点々と残っていたが、それらがつくる木陰が戦中の食糧増産の妨げとなり、また根から松根油を採取するために次々と伐採、あるいは根から引き抜かれた。一里塚があった久徳の辺りにも松並木が連続していたが、これらも松根油の採取や松枯れの進行によって次々に枯死していった。

荒川地区のものは、大正元年の台風時にすべて倒れてしまったという。墨俣渡船場から結村に至る輪中堤の両側にも存在したが、戦時中の物資欠乏により伐り払われている。おそらく建築用資材にされたのであろう。

図2　松並木　静里小学校並木松現況

町の天然記念物に

昭和56年頃の垂井町綾戸地区にも樹齢100年から200年の松が80本ほど並木を形成していたというが、平成29年6月9日の時点では街道北側の15本と南側7本の合計22本に数を減じている（図1）。この内、胸高直径が71㎝という最大のものが1本、60㎝代が3本、50㎝代が12本、40㎝代が5本、38㎝という最小のものが1本と報告されている。これらは「美濃路の松並木」として垂井町の天然記念物に指定されている。さらに街道北側を中心に33本の補植松があり、指定木と合わせると55本になる。大垣市内には松並木は現存せず、静里小学校の校庭に1本の並木松が生育しているものの、近年松枯れが進行し始めている（図2）。

図1　竹島本陣外観現況

美濃路の史跡

大垣宿の本陣

鈴木隆雄

明治維新で廃止された本陣

　大垣宿竹島本陣は、永禄年間に沼波家が創立し、関ヶ原合戦時には石田三成と宇喜多秀家《うきたひでいえ》が宿陣としたと伝えられる。その後、岡田家を経て飯沼家に引き継がれた。嘉永3年（1850）4月、本陣役を務めた長矩《ながのり》によって改築された。

　各地に設けられた本陣は、その広大さゆえに維持することが困難になり、明治3年（1870）の民部省布告によって本陣は廃止されると多くが失われていった。このような状況の中で竹島本陣は上段の間および付属の間が改築を重ねながらも現存し、土・日・祝日の午前10時から午後3時まで内部を無料公開している（図1、2）。

経営の多角化で生き延びる

　嘉永3年に本陣を改築した飯沼長矩と、長男の長侃は狂言の師匠となって一座を結成し竹島本陣で上演した。野村流家元として狂言界の重鎮となった野村万造《まんぞう》（萬斎《まんさい》）と長侃は、三宅庄市のもとで兄弟弟子の間柄にあり、長侃が没すると万造は大垣を訪れ追善狂言を

図２　竹島本陣上段の間現況

演じている。

　安政2年（1855）9月22日には160名を超える俳人が集い、桑原右麦《うばく》の美濃派道統十四世引継式が執りおこなわれた。この引継式は当初、本町本陣で開かれる予定であったが、普請中であったため竹島本陣に変更されたのであった。当日は、100人分の料理を予定していたが念のために40人分増やし、それでも不足したので20人分を追加するというほどの賑わいをみせた。右麦はその2年後に没し、美濃派道統十五世は門弟の国井《くにい》化月坊《かげつぼう》が引き継ぐことになったが、この引継式も竹島本陣が使用され、119人の出席を得て百韻興行が執りおこなわれた。

　長矩から本陣役を受け継いだ長温は、飯沼慾斎《よくさい》による植物図鑑『草木図説』の出版に際し、京都の彫刻師を本陣内に住まわせるなど、材料の入手や製本作業から食・住の面倒をみ惜しみない援助をしている。このような経緯があって、慾斎による『草木図説』の稿本や校正本が竹島本陣に残されたのである。

　天保6年（1835）に起きた万寿騒動の際は、竹島本陣に白洲が設けられ、80日間にわたって関係者760人の喚問がおこなわれた。明治元年11月25日には書画骨董のオークション会場となり、浅野内匠頭の書を沢田屋徳次郎が落札している。本町本陣についても、文久2年（1862）9月21日に和宮《かずのみや》通行に関わった警固の者や加勢の者の労をねぎらう公式の酒席が設けられたり、慶応元年（1865）5月には十代藩主戸田氏彬《うじあきら》の長州征伐出陣時の町奉行衆による演説会に利用されたりしている。

　これらの事例から、本陣は従来の大名ら貴人の休泊機能という枠に留まらず、文化ホール的な施設として貸館事業による収益を本陣経営の補填としていたことがうかがい知れる。

美濃路
通行の諸相

徳川将軍の美濃路通行

宮川充史

いくつかあった上洛ルート

慶長5年（1600）徳川家康は関ヶ原合戦で勝利し、3年後、征夷大将軍に就任した。徳川幕府の支配体制が整うまで、3代家光までの将軍は大御所時代を含め何度か上洛をしている。美濃路は将軍上洛のルートとされてきた。ところが、実際の将軍上洛ルートは美濃路ばかりではない。東海道や清須から岐阜街道を利用し、加納を経由して上洛することも多い。確実なのは寛永11年（1634）の家光の上洛である。大規模な通行であったことは確かであろうが、史料が残されておらずその具体的な通行の様相を知ることは難しい。この家光の上洛以後、文久3年（1863）の家茂の上洛まで、将軍は日光社参や狩猟を除いて江戸から出ることはなかった。

徳川家茂の進発

将軍が美濃路を通行したのは家光の上洛から231年後、慶応元年（1865）の14代将軍徳川家茂《いえもち》の長州征討時である（家茂は2年前の文久3年に家光以来となる上洛をしているが、この時は東海道が利用されている）。

5月16日、家茂は幕府軍を率いて江戸を出発した。この家茂の旅は「御上洛」ではなく軍を進める「御進発」と表記された。この時の様子は「末広五十三次」に描かれている（図1）。洋式装備の幕府軍や馬に乗る家茂が描かれている。しかし、これはあくまで東海道五十三次を紹介した浮世絵であり、実際のルートとは

図１　池鯉鮒（出典：『末広五十三次』）

異なる東海道を描いている。家茂は江戸から京都まで1カ月以上かけて行軍している。家茂の行程は「昭徳院殿御実紀」（『徳川実紀』）に詳しい。道中では名所を見物したり、名物を食することもあったようである。

閏5月11日、家茂は名古屋城に入った。翌閏5月12日、五ッ半時（9時頃）次の宿営地である起宿に向かった。馬や徒歩と移動手段を変えて移動し、土器野新田、清須、四ッ家で小休をして稲葉宿で昼休みをとった。萩原宿本陣で小休の後、起宿に入る予定であったが、暑さのため加宿である串作村佐藤家に臨時小休し、七ッ時（16時頃）に起宿本陣に到着した。串作には馬を繋いだとされる付近に小休の跡の看板と石祠が残る（図2）。宿場はもとより宿場間の立場でも休息しており、非常にゆっくりとした行軍であることがわかる。家茂以外にも老中や若年寄が随行し、宿泊地となった起宿は往還筋はもとより、周辺の村々にも分宿した。まさに、幕府そのものが動いているといってよい。家茂が美濃路を通り、起宿に宿泊したのは紛れもない事実であるが、そのことは意外に知られていない。

図2　串作村小休跡

閏5月13日、五ッ時（8時頃）起宿本陣を出発し、徒歩で渡船場まで向かった。この時、渡船を管理する船庄屋の林家は川辺に立って四方を眺める家茂を目撃している。家茂の渡河で利用された船は三百艘であった。その後、間《あい》の宿南宿で小休し、小熊川は船橋で渡り、四ッ半時（11時頃）には墨俣宿に到着し昼休をとった。この時、美濃蜂谷村（美濃加茂市蜂屋）から柿の献上を受けている。蜂谷柿は関ヶ原合戦に向かう家康に墨俣で献上されたとされる由緒がある柿である。八ッ時（14時頃）には宿営地である大垣城に入った。大垣城を出た後は中山道柏原宿に向かった。途中、関ヶ原で家康の陣地跡を見物している。

幕府陸軍や書院番などは家茂本隊「御中軍」に先発して通行しており、5月下旬から連日のように美濃路には幕府軍が通行していた。その数は起川の渡河記録からおよそ2万であった。家茂本隊の後続部隊は起川の川留により東海道にルートを変更している。この家茂の進発は美濃路にとって最も大規模な通行であったことは確かであろう。

家茂は大坂城に入り、翌慶応2年（1866）についに幕府軍と長州藩は軍事衝突となる。その最中に家茂は病で急死し、長州戦争は幕府軍の大敗に終わり、幕府の権威は完全に失墜したのである。

美濃路
通行の諸相

美濃路における大名の通行

宮川充史

参勤交代制度の確立

徳川将軍家と大名との主従関係の象徴が参勤交代であった。多くの大名たちは将軍家の御膝元である江戸に参勤し、一年後に国許《くにもと》に帰国する。寛永12年（1635）武家諸法度で参勤交代の時期が明記され、寛永19年（1642）には譜代大名にまで拡大された。以後、外様大名は4月、譜代大名は6月か9月が原則となった。寛文年間には尾張藩・紀州藩は3月となり、交互参勤が定着した。

参勤交代制度は文久2年（1862）に制度が緩和されるまで200年以上続いた。江戸定府《じょうふ》の大名を除けば、多くの大名たちは江戸で幕府の要職に就任するか、幼少の場合を除いて江戸と国許を行き来した。江戸時代は寺社や名所の観光地化が進み、農民や町人も旅を楽しんだが、武士たちにとっても移動は旅行の時代であった。

美濃路の大名通行

美濃路では毎年3月〜5月頃に大名の通行が多い。しかし、東海道と異なり、人馬数や旅籠数が少ないこともあり、東海道と比較すると、大名通行自体はそれほど多いとはいえない。特に幕府が各大名の参勤交代ルートを取り決めた文政4年（1821）以後は少なくなる。例えば明石藩（松平家）は文政以前は美濃路通行の回数が多いが、文政年間より通行回数は著しく少なくなる。

しかし、地理的な理由から福井藩（松平家）や丸岡藩（有馬家）等の越前諸藩、北近江の彦根藩（井伊家）や大溝藩（分部家）、西美濃の大垣藩（戸田家）は美濃路を通行することが多い。

また、西国大名の中でも美濃路を定道としていた大名たちが何家かある。九州では柳川藩（立花家）、四国では徳島藩（蜂須賀家）、宇和島藩（伊達家）、丸亀藩（京極家）とその支藩の多度津藩、中国では広島藩（浅野家）、岡山藩（池田家）、近畿では紀州藩（徳川家）、柏原藩（織田家）の通行が多い。紀州藩は江戸中期までは東海道の伊勢廻りや、大和国内を通過して伊勢に入るルートが多かったが、19世紀に入ると美濃路を通行するようになる。

本陣の差合い

宿駅には大名が休泊する本陣が置かれていた。本陣の利用が二家で重なった場合は先約が優先され、後から申し入れをした大名には本陣から「御断《おことわり》」をする。このような差合いは東海道では頻発していたようであるが、通行量が少ない美濃路ではそれほど多くはない。しかし、毎年大名の通行があるため、時折、差合いが発生することがあった。起宿本陣では鯖江藩が本陣を利用するため、後から申し入れをおこなった鳥取藩が利用を断られたということもあった。鯖江藩（間部家）は5万石の大名、鳥取藩（池田家）は外様大名とはいえ、徳川将軍家と縁戚関係にある32万石の大藩である。

大名たちが特に気を遣ったのが、御三家や勅使の通行である。美濃路は紀州藩の定道であり、起宿は定宿であった。御三家の参勤交代は3月である。原則として尾張藩が江戸に参勤した後、紀州藩に暇が出され、江戸を出発する。通常は3月下旬に江戸を出発するため、4月上旬に美濃路に入る。4月は外様大名の参勤交代時であり、紀州藩と遭遇する確率が高くなる。各藩の役人は紀州藩の通行情報を入手し、行程を組む必要があった。

また、文政10年（1827）には熊本藩（細川家）が東海道を通る勅使との遭遇を避けるため、急きょ、美濃路に行程を変更する事例もあった。各宿駅は54万石の熊本藩の通行を突如として受け入れる必要があり、勅使の通行がなかった美濃路でも対応を迫られるのである。

参勤交代制度の終焉

文久2年（1862）に幕府は参勤交代制度を緩和し、参勤を3年に1度とし、江戸在住の妻子の帰国を自由とした。そのため、美濃路には文久2年〜3年にかけて大名の奥方や家族の帰国が相次ぐ。

ところが、幕府は元治元年（1864）に長州戦争を前に制度を復旧している。紀州藩、加賀藩等、一部の大名は応じて江戸に奥方を下向させているが、多くの大名は批判的であり、すでに大名を従わせる力は幕府にはなかった。

江戸幕府が倒壊し、明治2年（1869）の版籍奉還後も大名たちは引き続き、藩知事として領国を統治した。美濃路でも明治2年〜3年頃は藩知事の通行が多い。明治4年に廃藩置県により大名たちは身分を失い華族となり、「皇室の藩《はん》屏《ぺい》」として東京に集められた。東京を中心とした中央集権の近代の世が到来する。江戸時代には江戸は将軍家の御膝元として世界屈指の大都市となるも、江戸と国許を行き来する大名たちは参勤交代制度により、江戸に集中することはなかった。参勤交代制度は結果的に地方も発展するという制度でもあった。

美濃路
通行の諸相

朝鮮通信使と美濃路の賑わい

横山恭子

朝鮮通信使と美濃路

一般庶民の旅人や参勤交代の大名行列、時には将軍上洛の大行列が往来した脇《わき》往還《おうかん》美濃路。峠《とうげ》・渡《わたし》などの難所が少なく安全かつ平坦な道筋である上に、関ヶ原の戦いに勝利した徳川家康ゆかりの「御吉例海道《ごきちれいかいどう》」とあって、徳川将軍家への外交使節の通行にもよく用いられた。特に朝鮮通信使ともなると、対馬藩役人や外交僧も含め、少なくとも人4000人、馬1000疋を超える大通行であったことが知られている。

朝鮮通信使は、日朝両国の交隣《こうりん》関係を前提とした対等外交のもと、朝鮮国王から日本の武家政権、江戸時代においては徳川将軍へ派遣された正式な外交使節である。周知のように徳川幕府は「鎖国」政策をとっており、「唐人《とうじん》を二度見た事を年忘れ」という句が残されるほど、日本国内の人々にとって外国人を目にする機会はほとんどなかった。

よって新将軍襲職祝賀を目的に、隣国朝鮮から訪れる通信使は、幕府の権威を勢いづかせる格好の素材になったのである。

江戸時代の通信使は、全12回のうち10回において江戸を訪れている。それまでの足利・豊臣政権下に来日した外交使節は、京・大坂までの使行で事足りていた。しかし徳川幕府の成立にともない国家的な外交儀礼の場も、徳川政権の本丸である江戸城に移っていく。

したがって、多いときで総勢500人にもおよぶ通信使は、海路・川路・陸路の順に日本国内を大移動することになった。

とりわけ大坂で朝鮮船を降りてからは、淀川《よどがわ》を川御座船《かわござぶね》でさかのぼり、淀より行列を組んで、主に中山道・美濃路・東海道を進んでいった（図1）。この際、隣国からの賓客《ひんきゃく》であるがゆえ、宿泊・饗応《きょうおう》・移動手段等、接待地でのもてなしの大部分が日本側、つまり幕府や諸大名により支えられていたのである。

なお朝鮮通信使の江戸往来には、いつも美濃路ルートが採用されていた。これは初回の慶長12年（1607）からの通例である。60km に満たないこの区間は、今でこそ車で約1時間の距離であろう。しかし交通手段の未発達な江戸時代、彼

図１　朝鮮通信使行列図屏風　六曲一双の内（部分）崇覚寺所蔵　名古屋市蓬左文庫提供

らは輿《こし》・駕籠《かご》・乗馬・乗掛《のりかけ》馬《うま》・徒歩など、人や動物の力に頼ったスローペースの通行をおこなっていた。

例えば往路では、朝早くに大垣《おおがき》宿（宿泊地）を出発、墨俣《すのまた》宿または起《おこし》宿（昼休地）で昼食をとり、皆でお腹を満たした後、尾張藩徳川家の城下町である名古屋宿（宿泊地）へと向かう（帰路はこの逆ルート）。当初こそ萩原《はぎわら》宿や清須《きよす》宿へ立ち寄ることもあったが、家光政権期にはこのルートが定着していった。ざっと1日がかりの旅程である。

なお正徳元年（1711）までは墨俣宿を昼休地としたが、享保4年（1719）より起宿に代わる。渡船場がさかえ、宿場の機能が充実したためと考えられている。

起宿に残された絵図

このような美濃路には唯一、通信使の行く手をさまたげるものが存在した。木曽三川である。美濃国と尾張国の国境には、佐渡《さわたり》川（揖斐川）、墨俣川（長良川）、起《おこし》川（木曽川）という大河川が並走し、中・下流域には旧木曽川の小熊《おぐま》川（境《さかい》川）を含め、多くの分流・支流がからみ合いながら流れていたという。これらは、洪水と川筋の変更を繰りかえし、流域村々へ甚大な被害を与えてしまう。一方でこれが自然の要害となり、徳川幕府は意図的に橋を架けなかったともいわれている。

しかし江戸時代でも、特別な大通行にかぎり、臨時的に橋を架けることがあった。それが将軍、勅使、朝鮮通信使のみに許された「船橋《ふなばし》」であった。

　船橋とは、水面に多くの小船を並べてつなぎ、その上に板を敷いて橋にしたものである。通信使にとっても大変珍しかったようで、享保4年に製述官《せいじゅつかん》（漢文を用いた筆談役）として来日した申維翰《シンユハン》は、次のように記録している。


**　早朝に出発し、三つの大橋を通過する。（中略）これらの橋はすべて、船を水上に横たえ、大索《おおなわ》や鉄鎖《てつぐさり》を以て左右につなぎ、その上に板を敷き、両頭はそれぞれ連抱木《れんほうぼく》（両手でかかえる大きさの木）を植えてこれをつなぐ。これら三つの大橋のうち、起川橋が最大である。これらは船三百隻をつらね、その長さは千余歩、功費は推して知るべし。**（『海游録《かいゆうろく》』より）

　申維翰は、大垣宿から起宿へ向かう途中、三つの船橋を渡ったという。このうち起川のものが最大で、「船三百隻」を要したとある。ちょっと大げさなのでは？　と思う人もいるかも知れないので、天和2年（1682）の船橋の絵図を紹介しよう（図2）。

　これによれば、起川に架けられた橋の長さは475間3尺（約864ｍ）、幅9尺（約2・7ｍ）で、使用した小船は合計277隻であったことがわかる。申維翰の記述もあながち誇張ではなかったとみえる。なお船橋の架橋には、1日で500～800人、のべ3万人近い人足が動員されたという記録もあることから、大工事であったことが想像できよう。

　そして起宿訪問の当日、本陣加藤家は三使（正使・副使・従事官）の客館に、脇本陣林家は対馬藩主本陣に用いられ、通信使をはじめとして、もてなす側

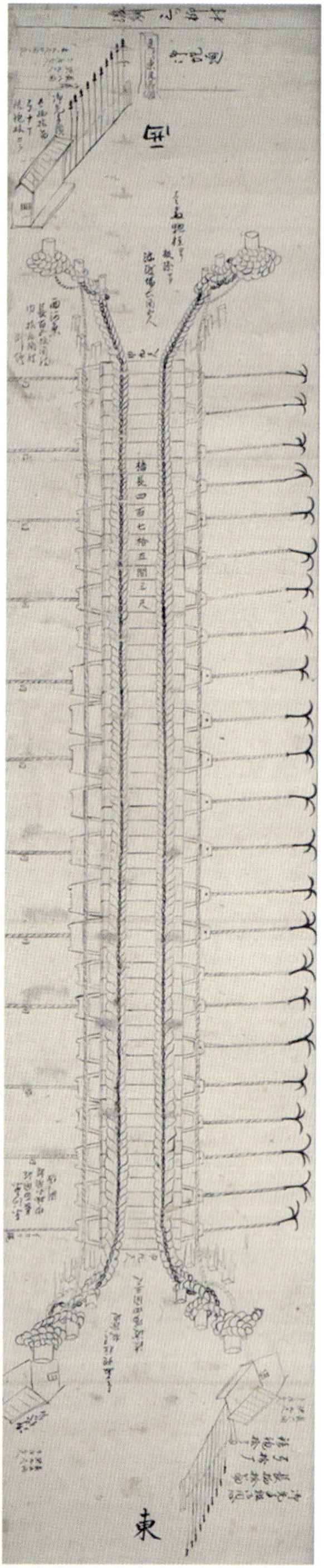

図2　天和2年起川の船橋絵図　一宮市尾西歴史民俗資料館所蔵『林家文書』

の関係者で大いに賑わうこととなった。さらに尾張国の各地からも、一世一代の通信使行列を目にしようと、あふれんばかりの見物客が集まった。中には鍋釜を持ちより自炊をおこなう者や、通信使を間近で見ようと、小舟に乗ってくり出す者まであらわれたという。

かくして起川に架けられた「蘭橋《らんきょう》」（美しい橋）は多くの人々を魅了することとなった。異国を旅する朝鮮人もそれを見物する日本人も、しばし時を忘れて美麗かつ壮大な光景を堪能したことであろう。

最後に起宿には、紀州藩徳川家の馬小屋の絵図も残されている（図3）。通信使の通らない遠方の大名家も乗馬を提供する役目を担っていたのである。実際に起宿には、このほか加賀藩前田家や福井藩松平家など、30を超える絵図が存在している。江戸へ向かう朝鮮人のお腹がすけば、随行する日本人もお腹がすく。図3には47をかぞえる「厩《うまや》」のほか、「仕出シ小屋」（料理所）が3カ所描かれており、行列を支える人々もつかの間の休息をとっていたことがうかがえよう。

江戸参向の最終となる明和元年（1764）の後、幕末まで琉球使節や将軍進発の行列が美濃路を行き交い、明治に入ると、ほぼ同じルートを鉄道の東海道本線が走るようになる。そして今や、大勢の外国人観光客を乗せた新幹線が、新大阪・東京間を約2時間半で結ぶ便利な時代となった。

この沿線にほど近い起宿に残された2枚の絵図は、江戸時代の日本人が通行地に限らず全国から集まり、美濃路をゆく朝鮮通信使を精一杯もてなそうとしていた証《あかし》を現代に伝えている。

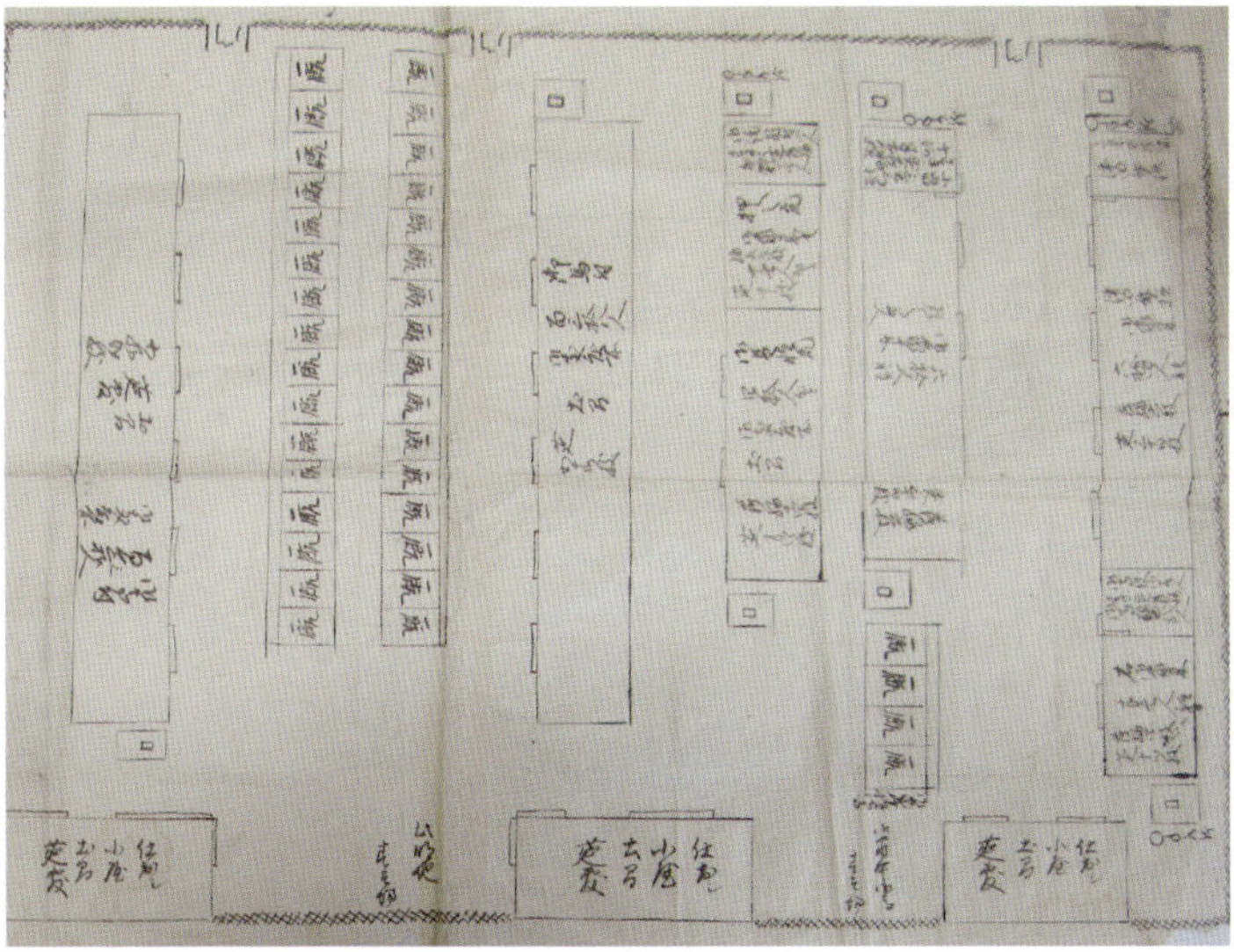

図3　延享5年紀州藩小屋掛の絵図
一宮市尾西歴史民俗資料館所蔵『加藤家文書』

美濃路
通行の諸相

琉球使節と文化交流

宮川充史

江戸時代に18回派遣

15世紀に琉球諸島に成立した琉球王国は明治政府の琉球処分（沖縄県設置による併合）まで尚《しょう》氏を琉球国王とする独立国であり、東アジア圏の中継貿易で栄えた。江戸時代、薩摩藩の琉球侵攻後は薩摩藩の支配下となったが、清王朝と朝貢関係も維持され、清と薩摩藩の二重支配にあった。

徳川将軍の代替り時には慶賀使、琉球国王の代替り時には謝恩使が派遣され、双方が同じ年に派遣されたこともあった。これらを総称して琉球使節という。宿場の史料には「琉球人」と表記されている。江戸時代を通じて18回派遣された（表1）。

琉球を出た一行は鹿児島に入り、しばらく滞在した後、江戸に向けて出発した。九州西部から船を利用して海伝いを移動し、瀬戸内海に入り、大坂からは淀川を上がり、伏見で上陸後は陸路が利用された。江戸で将軍に拝謁等、儀式を終えた後、帰国するという長期の旅であった。当初は東海道が使用されていたが、正徳４年（１７１４）以降、美濃路での通行が定例となった。この背景には寛文11年（１６７１）の使節帰国時に七里の渡しでの遭難があったとされる。

琉球使節団の構成は正使、副使、賛儀官、書翰使、楽師等、約１００名の構成であった。しかし、この人数は「琉球人」の人数であ

表１　琉球使節の派遣概要

年代	目的	利用街道
寛永11年（1624）	慶賀使・謝恩使	東海道
正保元年（1644）	慶賀使・謝恩使	
慶安２年（1649）	謝恩使	
承応２年（1653）	慶賀使	
寛文11年（1671）	謝恩使	
天和２年（1682）	慶賀使	
宝永７年（1710）	慶賀使・謝恩使	
正徳４年（1714）	慶賀使・謝恩使	美濃路
享保３年（1718）	慶賀使	
寛延元年（1748）	慶賀使	
宝暦２年（1752）	慶賀使	
明和元年（1764）	慶賀使	
寛政２年（1790）	謝恩使	
寛政８年（1796）	謝恩使	
文化３年（1806）	謝恩使	
天保３年（1832）	謝恩使	
天保13年（1842）	慶賀使	
嘉永３年（1850）	謝恩使	

り、薩摩藩の一行も随行しているため、100名よりも人数が多くなった。使節団の代表である正使は国王一族である王子《わんず》が務め、副使は琉球士族最高の位である親方が務めた。琉球使節は人々も関心を持つ通行であった。道中では地域の文化人が琉球使節と詩のやりとりをしたりする文化交流が見られた。寛政3年（1791）には墨俣宿で住民が使節に揮毫を依頼し、儀衛正毛廷柱（兼本親雲上）が「常夜燈」「牛頭天王」の字を書いている。その常夜燈は墨俣宿の津島神社に「琉球使節通行記念燈籠」として残っている。

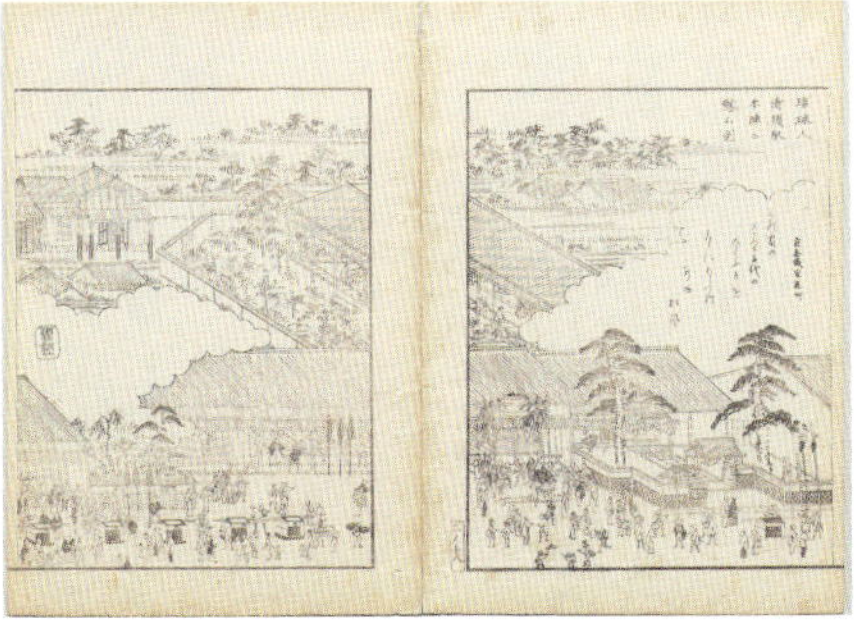
図1　琉球人清洲駅本陣に憩う図（出典：『尾張名所図会』）

図2　遭難之図（出典：『尾張名所図会 付録』）

音楽を奏でながら通行

行列図には楽人たちが楽器を奏でる姿が描かれている。道中で常に楽器を奏でていたわけではなく、城下町を通過する時に限られたという。天保3年（1832）の江戸上りの際には美濃路では大垣と名古屋を通過をする際に音楽を奏でたという。この江戸上り時に稲葉宿は宿泊地となり、本陣には正使の豊見城王子《とみぐすく》が宿泊し、薩摩藩の人数も加えて790人が宿泊した。この時、梁文弼（富山親雲上）と薩摩藩士山内角兵衛が亡くなり、富山親雲上は鳴海宿の瑞泉寺、山内は禅源寺に埋葬され、墓碑が残る。このように長旅で病になり道中で亡くなった使節は多い。

琉球使節は明治維新後も祝儀のため、明治5年（1872）にも派遣されているが、往復路とも鹿児島より蒸気船で東京まで移動している。この年、明治政府は琉球を「琉球藩」とし、琉球国王は「琉球藩王」として華族に列した。それは日本による琉球処分の第一段階であり、明治12年（1879）沖縄県が設置された。

美濃路
通行の諸相

象の通行と大名たち

宮川充史

象が通った街道

美濃路を象徴する通行は享保14年（1729）に8代将軍徳川吉宗に贈られた象の通行であろう。3月13日に長崎を出発し、5月25日に江戸に着くまで約2カ月に及ぶ旅である。5月3日に垂井を出発し、美濃路の四川を渡り、起宿に宿泊した。翌日は清須宿に宿泊し、名古屋では藩主継友が象を見ている。この象の通行については和田実氏の『享保十四年、象、江戸へゆく』（岩田書院）が詳しいため、ここでは通行の様子については詳しくは触れない。和田氏の著書を一読することをお薦めしたい。

象の通行は華やかなイメージがあるが、象は「公儀御用」の象であり、無事に江戸まで送り届けるのが宰領や宿場の役目であった。象の通行をめぐっては美濃路の道中でもさまざまなトラブルが発生している。

その一つが起宿で越前勝山藩主小笠原能登守（信成）が象の宿泊を理由に宿泊を断られるというトラブルである。このような差合は大名同士ではよくあることで、通常は先約が優先される。この時も本陣側が象の宿泊を理由に能登守の宿泊を断ったのは当然のことであった。この一連の経緯は本陣加藤家が記しており、『尾西市史』資料編1に「覚書之事」として収録されている。ここではこの事件の背景について紹介したい。

宿泊御断事件の背景

譜代藩である勝山藩小笠原家の参勤交代の時期は通常は6月であるが、享保9年（1724）より享保15年（1730）までの間、参勤交代の時期が変化していた。理由は上米の制により、1万石に付き100石の上米を命じ、国許に1年半、在府を半年とするものであった。大名たちは4つのグループに分けられ、それぞれ参勤交代の時期が決められた。勝山藩は9月参勤3月交代のグループに入っていた。象が長崎を出立した享保14年3月13日の2日後、3月15日に40家の大名に御暇が出されている。4月6日に戸田伊勢守（大垣）、4月8日に分部若狭守（大溝）、稲葉能登守（臼杵）が起川を渡っていることから、これらの大名は3月下旬には江戸を出発していたといえる。

小笠原家が美濃路に入ったのは5月3日という時期であり、江戸を出発したのは勝山藩の記録によると4月25日であった。象と差合った理由は小笠原家の江戸出発が遅れたことが原因であるが、出発が遅れた理由は明らかにできない。少なくとも4月上旬に江戸を出発していれば象との遭遇を回避できた可能性はある。

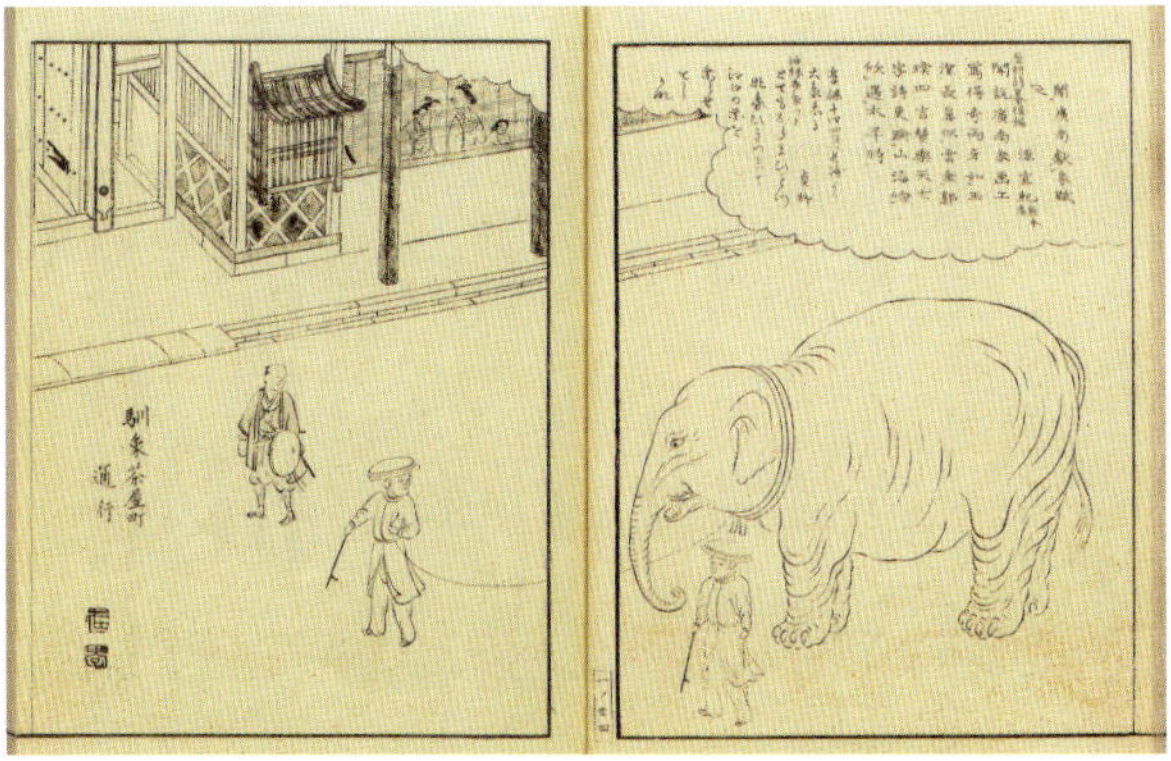

図1　名古屋茶屋町を通行する象（出典：『尾張名所図会 付録』）

図2 「覚書之事」一宮市尾西歴史民俗資料館所蔵

鯖江藩間部家と象

同じく3月15日に御暇を賜りながら、江戸出立を遅らせた大名が同じ越前の鯖江藩主間部《まなべ》詮方《あきみち》であった。間部家は享保5年に鯖江藩に入封した大名であり、2代藩主詮方はこの年が初国入であった。国許での陣屋普請の遅れから、病気などを口実に国入りを遅らせていたが、幕府としては暇を出した大名が長期間江戸に留まることを認めておらず、延引は限界となり、5月19日の江戸出発を決定した。しかし、5月13日に江戸より国許に宛てた書状では象が東海道を江戸に向かっているため、江戸出発を延引する旨が記されている。5月16日の書状では象は5月20日頃江戸に到着するということであり、5月23日に江戸出発を決定し、幕府にも届出たと記されている。

当初の予定では象は5月20日頃に到着する予定であった。ところが、5月16日、象は箱根で病気となり、箱根に逗留したため、5月25日に江戸に到着している。鯖江藩の行列と象が道中で差合ったかは定かではないが、予定通り6月5日には鯖江に到着している。

起宿を含め美濃路の宿場には享保14年2月には名古屋の代官所から象の通行の情報が伝えられている。しかし、間部家は5月に入るまで象の情報を入手していなかったと思われる。前述した小笠原家も含め大名たちは象の情報をどの程度収集していたのであろうか。

美濃路事件簿

明石藩主無礼討ち事件の真相

宮川充史

街道に残る大名行列の逸話

萩原宿から起宿に向かう途中の吉藤地区に「孝子佐吾平遭難史蹟」という石碑と由来碑が建っている。天保年間に江戸に向かう明石藩主松平斉宜《なりこと》が行列を邪魔したとして、孝子として知られた佐吾平という人物を無礼討ちにした。領主の尾張藩は領内での無礼討ちに抗議し、以後領内の通行を禁止したという。これが佐吾平事件の内容であり、美濃路に残る大名行列の逸話となっている。佐吾平事件に類似する明石藩主の無礼討ち伝承は美濃路だけではない。中山道では子供を斬った話や東海道の三島宿では女性を斬った等、無礼討ち伝承が残っている。もちろん、無礼討ちを示す当時の史料は残されておらず、どれも伝承の域を出ないが、斉宜は暴君としての人物像が形成されているようである。

江戸後期に編纂された松浦静山の『甲子夜話《かっしやわ》』には明石藩主の無礼討ちに関する記載があり、すでに江戸時代には明石藩主と無礼討ちが関連づけられていた。しかし、『甲子夜話』は斉宜が藩主に就任する以前に編纂されたものであり、そこには斉宜の無礼討ちは記されていない。

図1　孝子佐吾平遭難史蹟

伝承は史実でなかった

美濃路での無礼討ちは史実ではない。なぜなら、斉宜は明石に国入りせず短い生涯を終えているからである。斉宜は文政8年（1825）、11代将軍徳川家斉《いえなり》

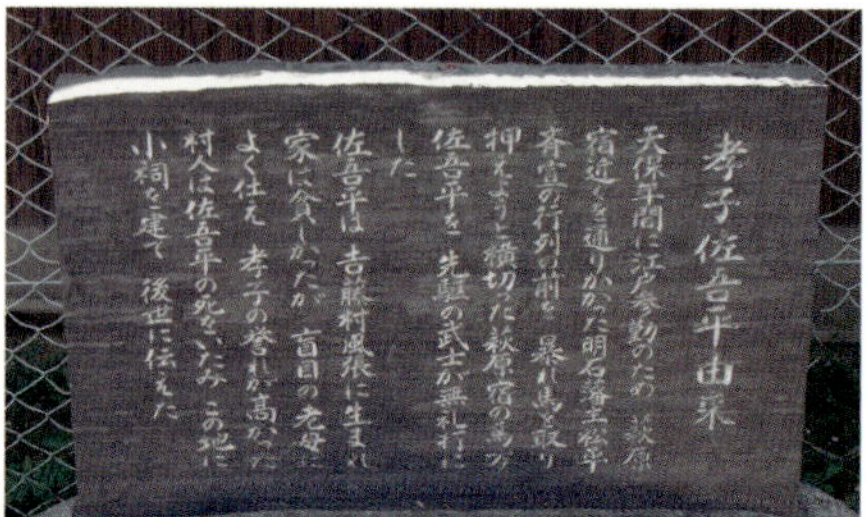

図2　孝子佐吾平由来碑

図3　明石城

の26男として生まれ、3歳で明石藩に養子入りし、天保11年（1840）に藩主に就任する。しかし、治世は4年余と短く、天保15年（1844）に江戸で病死している。当然、美濃路の通行も確認されない。明石の菩提寺長寿院に埋葬される斉宜の遺体の通行は美濃路を通り明石に運ばれたことは確認されている。この時の尾張藩主は斉宜の異母兄である徳川斉荘《なりたか》である。尾張藩主と兄弟である斉宜は、御馳走大名として起川の渡河《とか》費用を尾張藩が負担している。伝承では領内で無礼討ちをした明石藩主の通行を禁止したとあるが、通行の禁止はおろか明石藩は御馳走大名であった。

なぜ明石藩主の伝承が？

　無礼討ちの有無を明らかにするよりも、次の2点の課題を提起したい。1点目になぜ、明石藩主の無礼討ちの伝承が各地で残されているのかという点である。2点目に無礼討ちの伝承は何時頃発生して、どのような形成を経て今に伝えられているかという点である。佐吾平事件については筆者が以前、執筆した稿を参照していただきたいが、あくまでも佐吾平事件に限ったものであり、各伝承の関連づけはまだ不十分である。

　近年、明石市でも明石藩の家老黒田家の史料が寄贈され研究が進んでいる。斉宜は渡辺崋山門下の絵師椿 椿山《つばきちんざん》に弟子入りし、画家としての修業をしていたようで、富士の絵が残されている。明石市では平成25年度に「明石藩の世界」が開催され、富士の絵も公開された。優しく描かれたその絵は斉宜の暴君像を一新させてくれる。

美濃路事件簿

福島藩主板倉勝行起宿で病死

宮川充史

旅の途中で斃れた大名たち

江戸時代の旅人たちの必需品が往来手形である。そこには旅の途中で病死した場合の対応が記載されることが多い。つまり、現在の旅とは異なり、徒歩を移動の中心とした江戸時代において、旅をするとは死と隣合せだということである。道中で病死し故郷の土を踏まずに病死した地で葬られた旅人は無数にいたと思われる。

専属の医師を抱え健康管理された大名であっても同じであった。参勤交代など旅行の道中で病死した大名も何人かいる。寛延2年（1749）周防下松で病死した松平忠刻《ただとき》（島原藩主）、天保10年（1839）草津宿で病死した島津忠徹《ただゆき》（佐土原藩主）、そして、安永2年（1773）美濃路の起宿で病死した福島藩主板倉勝行である。勝行は陸奥福島藩主（3万石）で大坂加番を務め、務めを終え帰路の最中に病死している。

伏せられた死

安永2年（1773）8月7日、大坂から江戸に戻る勝行は起宿に到着するも、病気のためしばらく逗留することになった。病状は重く、10日には加納藩の医師大河内春羽、名古屋の町医師伊藤其沢が11日に来るが、11日に勝行は死亡した。享年21という若さであった。大名は生存中に嫡子を決定をする必要があるが、若い勝行にはまだ子供がいなかった。このような場合は死は公表されず、生存していることにして手続きをおこなう。幕府もすべてをわかっている。尾張藩からの見舞の使者にも勝行は病中で「御答不都合」というように死亡を隠したが、御三家の尾張藩へ恐れ多いという意識もあり、本陣加藤家へ内々に相談があり、加藤家より尾張藩郡奉行所の役人矢野藤助に内々に死を告げ、さらに上役の郡奉行横井此右衛門に伝えられた。

8月20日、江戸福島藩屋敷より幕府へは8月16日死亡という届を出したという書状が到来した。勝行の死を知り江戸屋敷ではさまざまな手続きをしていたのであろう。8月22日、板倉一族の安中藩板倉佐渡守の次男定五郎（勝矩）への家督相続が済み、板倉氏の菩提寺三河国貝吹村長圓寺（西尾市）への埋葬も許可された。

8月29日、勝行の遺体は長圓寺へ向けて出発した。勝行の遺体は18日間本陣に安置されていた。通行する大名たちも予定の変更を余儀なくされ、8月25日に初国入となる大垣藩主戸田采《うね》女正《めのしょう》は宿泊を起宿から墨俣宿に変更している。勝行の墓は歴代の藩主が眠る長圓寺にあり、没日の日付は8月11日となっている。

藩は本陣に対し感謝し、本陣加藤家には銀30枚と修理代として金15両、四両壱分が下賜された。本陣では畳替えがおこなわれている。9月3日に小浜藩主酒井修理大夫が宿泊を申し入れた際は湯殿の修復が済んでいないとして、脇本陣に入っている。

本陣と板倉家

以後、加藤家は「永々御出入」となり、大坂加番で通行する際は東海道の場合は宮宿まで御伺に出ることになり、本陣からは年頭・暑気・寒気の伺見舞を江戸に出し、年始は美濃の柿、暑気は真桑瓜、寒気は宮重大根を献上するようになった。しかし、13年後の天明6年（1786）には本陣と藩役人との間でトラブルも起きたようで、翌年大坂加番を終えて江戸に戻る道中に起宿に宿泊した際に本陣より役人にいろいろと不満を述べたそうである。以後、年頭の御祝書も差し出さず、寛政元年（1789）には東海道を利用して大坂に赴く福島藩主に挨拶にも行かなくなった。さらに、翌寛政2年（1790）に江戸に戻る際には本陣の門も開けずにいたという。藩側は使者を出して金200疋を下賜すると、本陣も藩の対応に恐縮し、献上行為を再開している。

寛政4年（1792）には江戸家老の内藤八郎右衛門が本陣に書状を送っている。その内容には時が経過し役方も替り心得違いもあったと記している。勝行の跡を継いだ勝矩もわずか2年後の安永4年に病死し、息子の勝長が藩主になっていた。藩財政は悪化し、「城知差上」を願出ているほどであった。寛政4年には3万石の内1万6千石余が三河国内で村替となり、重原陣屋が置かれた。寛政4年以後、起宿本陣と板倉家とのつながりは定かではない。

図1　板倉勝行墓（長圓寺）

美濃路事件簿

大垣を襲った洪水

鈴木隆雄

洪水の常襲地帯

水都と呼称される大垣の湧き出る水の豊富さと清らかさは、古くから人の知るところであった。しかし、水利の便に恵まれる一方で、水害を被ることも著しかった。木曽・長良・揖斐の木曽三川によって形成された濃尾平野は、平野自体が西方に傾きながら沈降する盆地に位置している。東高西低の濃尾平野造盆地運動と木曽三川の合流が自然的要因となり、古くから美濃側は洪水常襲地帯となった。

10万石の城下町を防御する治水策として大垣藩は、城下町の東方を流れる新規川や西方を流れる杭瀬川及び大谷川に対し、水越場あるいは遊水地を設けた。各村落においては輪中堤を築き河川の出水から自分たちの生命や財産を守った。輪中堤は自然堤防を利用して小畦《こあぜ》を作り、これを嵩上《かさあ》げし天端《てんば》を広げ交通路としても利用した（図1、2）。低湿地の輪中地域を通る街道は、その多くが輪中堤を利用しているのが特色といえる。少しでも高い輪中堤上の街道を利用して低湿地を安全に通行しようとした

図1　輪中堤

図2　輪中堤

図3　破堤地「曽根切れ」碑

図４　水死者碑（円徳寺）

図５　美濃路付替工事（大谷川橋）。左手が旧道、右手が嵩上げ工事中の新道

のである。

渡河が唯一の交通手段

近代以前の輪中堤は現代のような大規模のものではなく弱小な土手であったため、出水時には破堤することが多かった。輪中地域は排水不良の低湿地に位置するため、ひとたび決壊すると湛水は長期間に及ぶことが多く、被害をさらに深刻なものにした。

輪中は河川の堤防を囲むことによって成立しており、輪中と輪中とは河川によって隔てられるため渡河《とか》が隣の輪中へ行く唯一の交通手段であった。水上を渡河する場所を「渡し」、船渡りを「渡船」といった。明治14年（1881）の統計では、大垣輪中周辺の渡船は揖斐川、杭瀬川（牧田川を含む）、水門川に見られ、美濃路の沢渡、竹鼻街道では平、難波野、南波、城浦、船戸で運航されていた。近世に入ってから渡船の制度が整備されるが、軍事的な理由及び大河川に橋を架ける技術が追いつかなかった時代は、渡船が旅人や荷物を渡す唯一の手段となった。

大垣地域のほとんどが水没

明治以降の水害のなかでも未曾有の被害を受けた明治29年（1896）7月と9月の水害では、曽根の堤防をはじめ各所で決壊し、大垣地域のほとんどが水没する大水害となった（図3）。比較的高い土地に位置する中心部の船町でも1階の軒先付近まで水没してしまうほどであった。この状況下で暴風雨に襲われると激浪が発生し、家屋は転覆・倒壊して家財什器類の流失も避けられなかった。大垣輪中の恩人、金森吉次郎は当時の水没水位を大垣城天守の石垣に刻み、計り知れない脅威を今に伝えている。

平成14年（2002）の水害以降、翌15年～19年にかけて大谷川の左右堤防の補強や嵩上げが実施され、これに伴い旧美濃路のルート上にあった大谷川橋はさらに高い位置に付け替えられた（図5）。現代に於いてもなお治水策として旧街道は改変され続けているのである。

交通と街道の変容

宮川充史

宿駅制度の解体

　慶応3年（1867）の大政奉還と王政復古により徳川幕府は解体した。慶応4年閏4月、新政府は交通や通信を管轄する道中奉行に代わる部署として京都に駅逓司を置き、「宿」を「駅」、「問屋」を「伝馬所」と改めた。徳川の時代を支えた交通制度である宿駅制度は維持され、宿駅周辺村々の負担の温床となっていた助郷制度は改定して、宿と助郷を一体化させ、負担を広域化させる制度が導入された。しかし、負担してこなかった村々からの反発も強く、明治3年（1870）に廃止された。

　慶応4年（明治元）の美濃路は江戸から国許に戻る大名や旧旗本の家中、会津戦争等から凱旋する官軍の通行により交通量が多かった。交通を維持するには従来の宿駅制度を維持し、強化するのが最も合理的な方法であった。

　東京奠都《てんと》や戊辰戦争が終結した後、通行が落ち着くと、新しい交通制度の導入も模索された。明治3年3月、幕府が定めた御定《おさだめ》賃銭が廃止され、旅行者と伝馬所双方で納得して料金を決める相対《あいたい》賃銭となった。5月には元幕臣の前島密《ひそか》（図1）が郵便制度の開設を建議している。閏10月には大名の休泊を担う本陣・脇本陣が廃止され、本陣は旅籠屋取締役、脇本陣は旅籠屋取締役補助となった。明治4年に東海道に郵便制度が導入され、翌年には美濃路の宿駅にも郵便取扱所が設けられた。

　明治5年（1872）に伝馬所が廃止され、民間の陸上輸送機関である陸運会社が設立された。陸運会社や郵便局を務めたのは旧宿役人たちが多かった。陸運会社は翌年には東京の陸運元会社（旧定飛脚問屋）のもとに再編成され、明治8年（1875）には社名を内国通運会社と改めた。鉄道が主力となると旧宿駅に設置されていた継所も合理化されていった。

図1　前島密（出典：国立国会図書館「近代日本人の肖像」）

明治天皇の北陸東海巡幸と美濃路・岐阜街道

　旧街道を歩くと、明治天皇の行在所や御小休所と記された碑が多く残っていることに気づく。明治天皇は明治5年（1872）から明治18年の間に6回に分けて国内を巡幸している（6大巡幸）。美濃路や岐阜街道が行幸路となったのは3回目の巡幸である明治11年（1878）の北陸東海巡幸である（表1）。西南戦争後や大久保利通が暗殺される紀尾井坂の変が発生した後であり、厳重な警備で実施された。

　明治天皇は明治11年8月30日に東京を出発し、中山道を利用し長野県から新潟県内に入り、さらに富山、石川、福井県を巡幸し、滋賀県から京都に入った。当初は東海道を通り、伊勢から名古屋、岐阜に巡幸する予定であったが、10月18日、三重県桑名で悪疫流行のため、京都に留まり、大垣から岐阜に入る行程が決定した。行程変更の連絡は10月19日に岩倉具視の名で行程沿いに知らされ、呂久、河渡川には船橋か仮橋を設けるよう指示された。

　10月20日、京都を出発し、草津に宿泊した後、中山道を通り、21日は高宮宿に宿泊し、翌22日大垣を目指して馬車を進めた。柏原で昼休、垂井本龍寺で小休の後、美濃路に入り、長松の吉田賛三宅で小休し、午後5時40分大垣に到着した。

表1　北陸・東海巡幸の主な行程

<table>
<tr><th>月日</th><th>宿泊地</th><th>濃尾地域での行程</th></tr>
<tr><td>8月30日</td><td>東京発　浦和（県立学校）</td><td rowspan="17">10月22日　関ヶ原　宗徳寺小休
古老古山兵十郎を召して合戦の話
垂井　本龍寺小休
長松　吉田賛三郎宅小休
大垣　飯沼武右衛門宅着
10月23日　大垣発
呂久　馬淵次郎右衛門宅小休
河渡　村木忠一宅小休
加納　宮田吉三郎宅小休
岐阜　西本願寺別院着
10月24日　岐阜県庁、師範学校、中学校臨幸
10月25日　岐阜発
田代（笠松）木曽川堤上仮営小休
黒田　善龍寺小休
一宮　佐分新右衛門宅小休
下津　森部長三郎宅小休
清須　林良介宅小休
土器野新田　天埜佐兵衛宅小休
名古屋　東本願寺別院着</td></tr>
<tr><td>9月8日</td><td>高崎泊（区務所）</td></tr>
<tr><td>9月16日</td><td>新潟泊（白勢成熙別宅）</td></tr>
<tr><td>9月30日</td><td>富山泊（田中清兵衛宅）</td></tr>
<tr><td>10月7日</td><td>福井泊（東本願寺別院）</td></tr>
<tr><td>10月13日</td><td>大津泊（滋賀県師範学校）</td></tr>
<tr><td>10月15～19日</td><td>京都泊（京都御所）</td></tr>
<tr><td>10月20日</td><td>草津泊（田中森之助宅）</td></tr>
<tr><td>10月21日</td><td>高宮泊（圓照寺）</td></tr>
<tr><td>10月22日</td><td>大垣泊（飯沼武右衛門宅）</td></tr>
<tr><td>10月23、24日</td><td>岐阜泊（西本願寺別院）</td></tr>
<tr><td>10月25～27日</td><td>名古屋泊（東本願寺別院）</td></tr>
<tr><td>10月28～29日</td><td>岡崎泊（専福寺）</td></tr>
<tr><td>10月30日</td><td>豊橋泊（悟眞寺）</td></tr>
<tr><td>10月31日</td><td>浜松泊（第二十八国立銀行）</td></tr>
<tr><td>11月8日</td><td>藤沢泊（清浄光寺）</td></tr>
<tr><td>11月9日</td><td>還幸（神奈川より鉄道）</td></tr>
</table>

＊宮内庁編『明治天皇紀』第四巻　日本史籍教会編『明治天皇行幸年表』より作成

図2　笠松の宝橋（出典：『笠松町史』）

図3　明治天皇御小休旧跡（一宮）（出典：『中島郡名所旧跡写真帖』）

旧本陣の飯沼家が宿舎となり、岩倉具視、大隈重信以下、従者や車夫を含め700名余が大垣町内に分宿した。その宿割については昭和5年発行の『大垣市史』通史編に供奉官宿舎として一覧表で掲載され、人数や宿舎まで記されている（表2）。多くは美濃路往還筋の竹島町、船町、本町、中町、俵町、上魚屋町、下魚屋町に分宿しているが、岩倉具視と警官51名は往還筋からやや離れ、大垣城の外堀に位置する新町に宿泊している。大垣は突如、明治天皇の宿泊を受け入れることになったが、江戸時代に美濃路の本陣でもあった飯沼家は難なくその任務をこなした。

23日、大垣を出発し、中山道に続く大垣道を進んだが、途中の林村付近は道が狭く、馬車が通れないため「板輿」に乗り換えた。呂久川、河渡川は船橋で渡り、12時30分に岐阜の本願寺別院に到着した。24日は県令小崎利準より岐阜県の状況の説明をうけ、岐阜県師範学校や中学校に臨幸した。岐阜から名古屋までは岐阜街道と美濃路が利用された。出発から名古屋到着までの様子を『明治天皇紀』から引用する。

（10月）二十五日　岐阜発輦、田代村にて肩輿に御し、今次有志者新に架する所の木曽川仮橋二百五十間余を渡りて馬車に復御し、愛知県に入りたまふ、黒田・一ノ宮・下津・清洲・土器野新田等

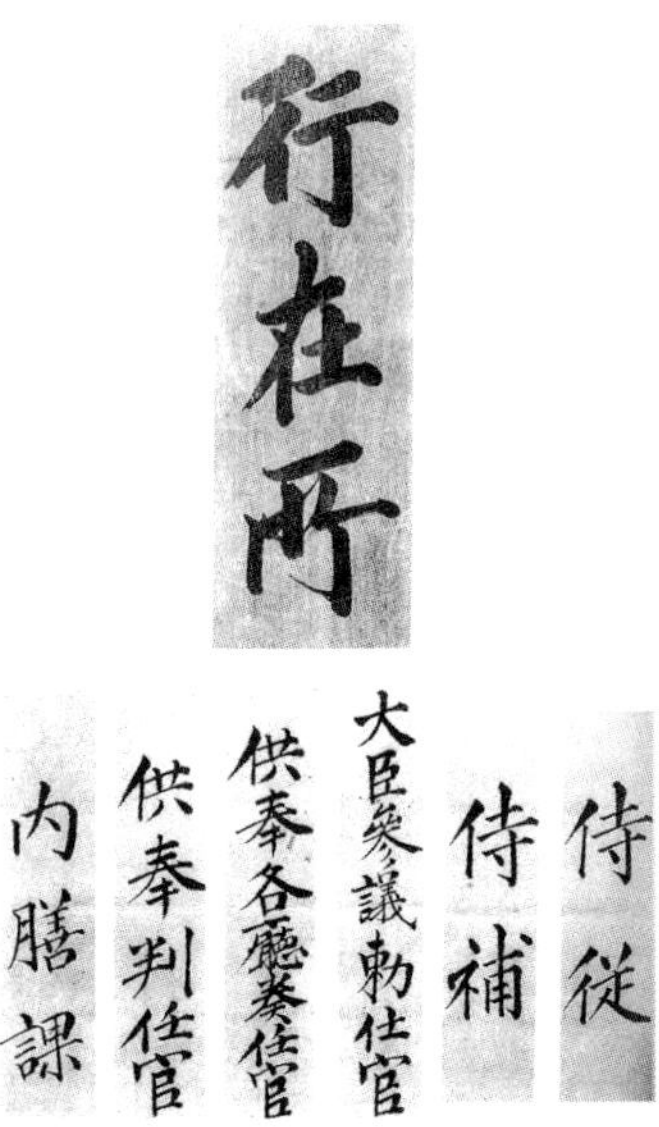

図4　一宮佐分利家で利用された御席札（出典：『一宮市史』）

図5　明治天皇御小休旧跡（下津）（出典：『中島郡名所旧跡写真帖』）

の諸村を経て、鎮台兵奉迎裡に名古屋に著御あらせらしは午後五時なり
この巡幸を機会に木曽川には船橋（宝橋）が架けられた（図2）。黒田では善龍寺、一宮では佐分家（図3、4）、下津では森部家（図5）、清須では旧本陣の林家、土器野新田では天埜家が昼休、小休の場所となった。その後、明治天皇は東海道を進み、11月9日神奈川から鉄道に乗り東京に還幸、1府10県、行程440里余、72日の巡幸を終えた。

明治18年（1885）の山陽巡幸を最後に旧街道を馬車で移動する巡幸はなくなり、以後は鉄道による巡幸が多くなる。明治天皇の6大巡幸は江戸時代の街道を利用した最後の大通行ともいえる。明治天皇の行幸は大変な名誉でもあり、昭和戦前期に編纂された郷土史には写真入りで詳しく紹介されている。

表2　大垣での宿舎と宿泊者

町名（宿舎数）	主な宿泊者（役職）
竹島町（28軒205人）	大隈重信（参議）、佐伯惟馨（大蔵書記官）、杉孫七郎（宮内大輔）、近藤芳樹（御用掛）、岩倉具綱（掌典）、佐々木高行、土方久元、山口正定（侍補）、比志島義輝（近衛局少佐）、侍従、華族、内膳課、調度課、内匠課員、近衛兵、警視庁警部補、巡査、鉄道局長
船町（8軒136人）	伊東方成（侍医）、伊藤盛貞（医員）、内廷課員、御厩課員、警視庁警部補、巡査
本町（6軒56人）	迫田利綱（権少警視）、長尾景直（一等警視補）、伊東祐順（軍医副）、桑原忠孝（馬医補）
中町（2軒26人）	警視庁警部、警部補、巡査
俵町（14軒154人）	谷森真男（太政官書記官）、桜井熊監（太政官書記官）、橋本安治（大蔵書記官）、香川敬三、山岡鉄太郎、堤正誼
上魚屋町（4軒51人）	警視庁警部補、巡査、騎兵伍長
下魚屋町（4軒38人）	川路利良（大警視）、大山巌（陸軍少尉）、高田善一（陸軍中尉）
新町（1軒51人）	岩倉具視（右大臣）、警視庁警部補、巡査
他7名	新聞記者、写真師

＊『大垣市史』通史編より作成

鉄道の開通と旅の変化

中山道幹線鉄道と東海道線

富国強兵を国是とする明治新政府にとって迅速に人や物を運ぶ鉄道の導入は急務であった。明治2年（1869）には東京・京都間の鉄道建設を計画し、3年後の明治5年には横浜・新橋間が開通し、明治10年には京都・神戸間が開通している。明治3年、美濃路起宿にも外国人技師等鉄道測量隊が来ており、測量もおこなわれたようである。ところが、明治22年（1889）に開通した東海道線は熱田から清須まではほぼ美濃路に沿って鉄道が敷かれているが、岐阜街道の四ッ谷追分からは一宮、木曽川、加納（岐阜）を通り、大垣、垂井に至る。

明治4年に測量を終えた技師たちは東海道沿いではなく、中山道に鉄道の建設を薦めた。東京・京都間の鉄道路線は中山道を利用して建設される予定であった。東海道沿いには海運が発達していることや、海からの攻撃を避ける目的もあった。明治17年（1884）には大垣・加納間、関東では高崎、横川間の工事に着工している。木曽川、一宮、清須、名古屋の駅は明治19年（1886）には完成しているが、それは東海道線としてではなく、中山道鉄道の建設に必要な資材を運搬する支線として知多武豊港からのルート（武豊線）で建設されたものである。中山道鉄道の建設工事が難しいという理由から東海道にルートが変更となり、支線だった路線が東海道線となり今に至る。清須から大垣まで美濃路を経由せずに一宮を経由するのは明治政府の鉄道政策によるものである。しかし、鉄道の早期開通を目指すことを考慮すると、明治初年に輪中地帯である美濃路の起から大垣間に鉄道を敷くことが効率的だったかは疑問である。

正岡子規の旅

鉄道の開通は旅も変化させた。江戸時代のような徒歩による旅は明治時代には一般的におこなわれていたが、鉄道の開通により移動手段に鉄道を組み入れた旅が出現した。明治天皇の6大巡幸の行程にもすでに鉄道が組み込まれている。

明治24年（1891）6月、正岡子規（図6）は東京から郷里伊予松山に向かう際に中山道を利用している。その行程は明治25年発

図6　正岡子規（出典：国立国会図書館「近代日本人の肖像」）

表の「かけはしの記」によると、上野から横川までは鉄道、碓氷峠は馬車鉄道で越え、軽井沢から長野までは鉄道で移動し、善光寺を参拝した後は善光寺街道を徒歩と馬車で移動して中山道洗馬に着いた。洗馬からは中山道を歩き、徳音寺や寝覚め床など、木曽の名所を見物している。伏見からは舟で木曽川を下った。流れが速く岩間の中を下るため、怖かったらしい。犬山を経て、鉄橋の下で舟を降り、木曽川停車場（木曽川駅）から鉄道で大阪に向かった（図7）。

8年後の明治32年に発表された「旅」は、木曽川停車場で汽車を待つ子規が茶屋の娘を見初めたことが記されている。大正8年（1919）、郷土史家森徳一郎は黒田尋常高等小学校長に調査を依頼し、茶屋の娘は松本わくと特定された。明治24年時は21歳であった。翌明治25年に千葉県市川市の医師に嫁ぎ、大正10年（1921）に没した。

子規が木曽川停車場に滞在したのはわずかの時間であったが、8年後の作品にまで詳しく記されていることや、追跡調査が可能であったことからしても、松本わくは相当の美人だったのかもしれない。この出来事を記念して木曽川駅には見染塚の碑が建立されている（図8）。正岡子規が木曽川駅から旅立って3カ月余後に発生したのが濃尾地震である。

図7　木曽川停車場（出典：『葉栗郡紀要』）

図8　見染塚

美濃路の町並みを壊滅させた濃尾地震

濃尾地震は明治24年（1891）10月28日、岐阜県西北部の根尾谷（現本巣市根尾）を震源に発生した（図9、10）。規模はM8・0とされ、世界の地震史の中でも屈指の大地震である。岐阜県では西部、中部、愛知県では岐阜県に隣接する中島郡、葉栗郡の被害が甚大であった。死者は7千人を超えた。当時の国内人口が約4千万人であったことを考えれば、この数字は非常に高い値である。濃尾地震は10月28日だけではなく、その後も何度か震度5～6程度の余震が発生している。

　美濃路の宿駅には宿駅時代の建物がほとんど残っていない。その理由の一つが濃尾地震によって江戸時代の建築家屋の多くが倒壊したことがあげられる。起村（旧起宿）では全壊家屋94%余という深刻な状況であった。岐阜県や愛知県には濃尾地震の慰霊碑が多くのこされており、美濃路沿いにも清洲城跡、萩原宿宝光寺に建っている（図11、12）。これらも濃尾地震に関わる貴重な文化財である。

図9　西春日井郡西枇杷島町鉄道アーチ破壊ノ図（出典:『濃尾大地震　写真帖　西春日井郡被害の實情』）清須市立図書館所蔵

図10　西春日井郡清洲本丸ノ図（出典：『濃尾大地震　写真帖　西春日井郡被害の實情』）清須市立図書館所蔵

　東海道本線が開通した明治22年（1889）の11年後、明治33年（1900）に鉄道唱歌が発表された。「汽笛一声新橋を」の有名な歌詞で始まるこの鉄道唱歌は東海道線沿いの名所を織り込んだ歌詞で、現在でも親しまれている。名古屋・岐阜を紹介した34番

図11　大震災紀念碑（清洲城跡内）

図12　震災紀念碑（萩原宝光寺内）

では「名高き金の鯱は　名古屋の城の光なり　地震のはなしまだ消えぬ　岐阜の鵜飼も見てゆかん」と唄われている。「地震のはなし」とは9年前の明治24年（1891）に発生した濃尾地震のことであり、東海地方の象徴として名古屋城、鵜飼、濃尾地震が取り上げられていたのである。

地震学者関谷清景

大垣宿伝馬町の北側に位置する歩行町秋葉神社の中に「関谷先生誕生之地」と揮毫された碑が建っている（図13）。関谷先生とは明治時代の地震学者関谷清景（1854〜1896）のことである。関谷清景は大垣藩士関谷玄助の長男として歩行町に生まれ、貢進生《こうしんせい》として大学南校（東京大学）に入り、ユーイングやミルンの下で地震学を研究し、明治19年（1886）に帝国大学地震学講座の教授となった人物である。地震学専門の教授は世界で初めてとされるが、明治10年頃にイギリス留学中に患った肺結核のため、帰国後も仕事と療養を繰り返した。明治23年には休職し、神戸で療養することになった。関谷は濃尾地震の発生を療養中の神戸で知ることになる。

関谷は郷里の人々を安心させるため、新聞に地震のメカニズムや余震について科学的に説明している。震災後、自ら大垣に出向き、調査をおこなっている。濃尾地震以降、迷信や俗説ではない近代的な地震学の研究が開始された。関谷は地震予防の重要性を国に建議し、明治25年に「地震予防調査会」が発足した。明治26年には復職し、調査会の委員として地震予防研究に携わるが、翌年には病状が悪化し、明治29年に療養先の神戸で42歳の若さで亡くなっている。その後の地震学講座の教授は大森房吉や今村明恒に引き継がれた。

図13　関谷先生誕生之地

美濃路残影

萩原宿今昔

金子光二

原始時代から続く萩原の歴史

萩原町は一宮市の南西に位置する市内屈指の稲作地帯。

町の歴史は古く、古代以前弥生時代の古墳群があったことでも知られている。萩原町冨田方山中では丹塗りのS字瓶パレススタイル土器（後期弥生時代）が出土している。その他、倭姫命《やまとひめのみこと》逗留の伝説が残る地域もある。

中世に入り、織田信雄が天正年間に萩原川（現日光川）の渡しまでを整備した道が後の美濃路の基礎となった。

江戸時代の慶長7年（1602）、萩原川流域に新たに開発された新田が宿場町として発展した。『尾張名所図会』には「町のうち長く農商軒つらねて賑わしき里なり」とある。

その後、慶応3年（1867）の大政奉還で宿場は次第に衰退したが、明治30年代に入ると、尾西鉄道（現名古屋鉄道尾西線）を中心に、近隣地域の物資中継点・商業地として発展した。

日清日露戦争後の大正時代には好景気を背景に二七の市が開かれ多くの買物客で沿道は賑わった。

昭和の戦後から高度成長期にかけては、土地改良や法改正などを経て農業を始め地域の産業が再編され織物繊維業が栄えた。旧宿場の周辺には繊維工場が林立し、宿場跡は工場勤労者らに便利な商店の町として生まれ変わった。

現在の宿場跡は明治24年（1891）の濃尾大地震以降に再建された建物群で、江戸時代の町屋風情が残る建物や、明治〜昭和時代の特徴を残す家々が戦災を免れて建ち並んでいる。

それらは国の重要文化財登録が可能な建物群として評価されている。（平成30年1月現在）

物流経済の変遷

美濃路7宿中、最も規模の小さな宿場町であった萩原は、町並みの長さが8町36間（約940m）で、今でも江戸時代の原形を保っている。

宿場内の上問屋場と下問屋場、隣接する加宿串作村（現萩原町串作）の問屋場に常駐する馬方や籠かき達が人と物の往来を助けた。

明治維新後、馬方らの仕事は、馬車に替わり、やが

図１　宿場入口と巡見街道

て国の郵便事業と鉄道運輸事業へと変遷した。

昭和40年代になるとモータリゼーションの進化に伴い各地の道路インフラが整備され、宿場を横切る巡見街道（図1、正面宿場入口と巡見街道十字路）は国道の役割を終え、拡張されたバイパス155号線が新たな幹線道路となった。

そして、乗用車・トラックの輸送手段により、全国あらゆる場所への長距離輸送と多種多様な配送ニーズへの対応が可能になった。

現在では、大手物流企業のハブセンターが萩原町築込（155号線沿）で稼働しており、物流の効率化がさらに図られている。

近い将来、ガソリンを使用する内燃式の車は減産化、電気EV式等の車が、資源・環境保全に変革をもたらし、自動運転技術が事故や渋滞といった社会的ロスを改善していく時代になったことを付け加えておきたい。（平成30年1月現在）

美濃路街道沿いに北から順に紹介する。

1　萩原橋（図2）
江戸時代の図絵『名区小景』や明治時代の地籍図には太鼓橋の板橋が描かれている。萩原川（古川）と呼ばれた時代は現在よりも川幅が広く、渡場の距離は約300mもあった。

図２　萩原橋

2　本陣跡碑・上問屋場跡碑（図3、4）
本陣は代々森権左衛門が勤めた。現在も萩原から少し離れた所に権左新田の地名で名残を伝えている。本陣跡のすぐ南に上問屋場があった。

3　正瑞寺（図5、6）
天保7年（1836）寺社奉行により現地に移転した。以前は寺正面の街道を約1km北上した天神社あた

図５　正瑞寺

図４　上問屋場跡

図３　本陣跡

りにあった。織田信長が天文22年（1553）斎藤道三との会見の後、この天神の渡場から清須に戻ったとの言い伝えが残っている。

4 村瀬銀行支店跡（下問屋場跡）（図7）

江戸時代には、下問屋場として荷物運搬（継立）を勤めた。

大正時代になり、この地に立てられた村瀬銀行は昭和恐慌で倒産。白亜の外壁に加え、建物内部は吹き抜け構造のモダンな造りとなっている。

5 旅籠京屋跡（図8）

軒丸瓦に優雅な意匠の「丸に揚羽蝶」が施されている。

6 町家風住宅（図9、10）

街道側が短く奥に長い切妻屋根で、内部はツシ天井といわれる構造。うねった丸太が奥に向かって張り巡らされている。天井の低い2階では養蚕などが営まれた。2階から街道を眺めると意外に人物との距離も近く、大名行列を眺めた当時の様子を想像するのも楽しい。

7 旧郵便局跡（図11）

アーチ型のモダンな入口外観が目をひく。明治35年（1902）に3等郵便局として開設された。昭和3年（1928）に電話交換事務も開始したが後に電電公社（現NTT）に分離した。

8 伊藤理髪店跡（図12）

昭和初期の佇まいが残る。

9 萩原城跡・萩原劇場跡

宿場街道から一筋北の通りをお茶屋通りという。通りのすぐ北側には萩原城（のちのお茶屋御殿）があり、戦国時代に豊臣秀次の父三好吉房が住んだと伝えられている。

後に、尾張藩主徳川義直公が鷹狩り（萩原町戸苅）の際、休憩場所となったことからお茶屋の地名がついた。

図6　天神社萩原の渡場

図7　村瀬銀行支店跡

図8　旅籠京屋跡　揚羽模様の瓦

図9　町家風住宅

図10　ツシ天井と2階窓

図11　旧郵便局跡

図13　ちんどん祭り（© 花蝶ちん）

図12　伊藤理髪店跡

図14　花しょうぶ祭

また、城跡のすぐ西側（現空き地）には廻り舞台の大きな劇場が昭和２年（１９２７）に建てられた。歌舞伎や旅芝居、後には歌謡ショーやプロレス興行なども盛んに行われた。

昭和時代のスター舟木一夫の父が劇場の興行師だったこともあり、舟木は幼少期をこの辺りで過ごしたという。

萩原の観光と見所

江戸時代には旅籠屋が建ち並ぶ宿場町だったが、現在では地域経済を担う商店街として存在している。宿泊を伴って観光するほどの旧跡は少ないが、周辺に目を配れば、萬葉公園の花しょうぶ祭（萩原町高松　６月開催）や、商店街で催される萩原チンドン祭り（５月、10月実施）が一宮の観光名所として知られており、毎年多くの観光客で賑わう。

名鉄萩原駅前のラーメン店「華丸」はマスコミ等で何度も紹介される人気店。

萩原町串作の「川村屋賀峯総本店」は京菓子の老舗。数量限定の羽二重餅は誉れ高い逸品。

その他、味のある魅力的な店舗や店主に出会うことができる不思議な町である。

名鉄萩原駅から北に歩いて３分、踏切り付近の場所には「高校三年生」の歌で知られる舟木一夫の生家跡、萩原の歴史資料を保存する郷土資料館（毎月第４日曜開館）などがある。（図13、14、15）

図15　郷土資料館

美濃路残影

清須の花火　いまむかし

半田　実

図１　機関（からくり）花火（出典：高力猿猴庵種信『絵本清洲川』名古屋市博物館所蔵）

昔は清須花火

江戸時代の人々の生活を取り締まるものに触書《ふれがき》がある。何度も同じ内容で出されるものは、人々の思いをかえって知ることができる。例えばこの花火があてはまる。

ここ清須の地は、花火が藩内で許されて揚げられた。その様子をつぶさに描いたのは、高力猿猴庵種信《こうりきえんこうあんたねのぶ》であり、その作品は彩色の『絵本清洲川』（図1）である。その弟子小田切春江《しゅんこう》の描いた彩色の『絵本清洲川』も知られるようになった。天野信景《さだかげ》も『塩尻』（「惣社参詣記」宝永4年〔1707〕条）に記している。

五条川沿いにある現川上神社（旧清須牛頭《ごず》天王社《てんのうしゃ》）（図2）の夏の大祭（天王祭）に合わせて、氏子であ

図２　川上神社（旧清須牛頭天王社）

る神明町・田中町・伊勢町の人たちが打ち揚げた。勧請は承応3年（1654）ともいわれ、境内の巨石群は清須城の石垣という。6月14日に昼と夜に分けて揚げられる。宿の記録（図3）によれば、その種類は大筒に玉火・紅葉・流星・牡丹に立物である。文化・文政年間（1804～1829）ではおよそ250本で、大筒と立物に特徴があった。その大筒は2寸から4寸1分までの間で、およそ15本以上あった。大掛かりな立物（図1のように、からくり花火とも言う）には、①神仏に関する②故事や風景などの慶事に関する③時事に関するに大別できる。さらに瀧が毎年出された。もう一つの特徴は水花火の金魚であり、水中から花火を発するものである。これらの花火は、花火師によるものではなく、宿の若者という素人の手であることが特筆される。「神祭也不可入不浄之輩」の掛札（図4）や「花火調合書」や花火製造道具等の現存がそれを証明する。花火を作るだけではなく打ち揚げ等を担当する若者の役割（筒火・小花火・流星・立物・瀧の各方）も複数で担当し、その要領などが代々伝えられた。

　川には2輛（町名入りの幕〔図5、6〕が現存）の車楽（部材が一部保存）がある。これは津島の天王祭

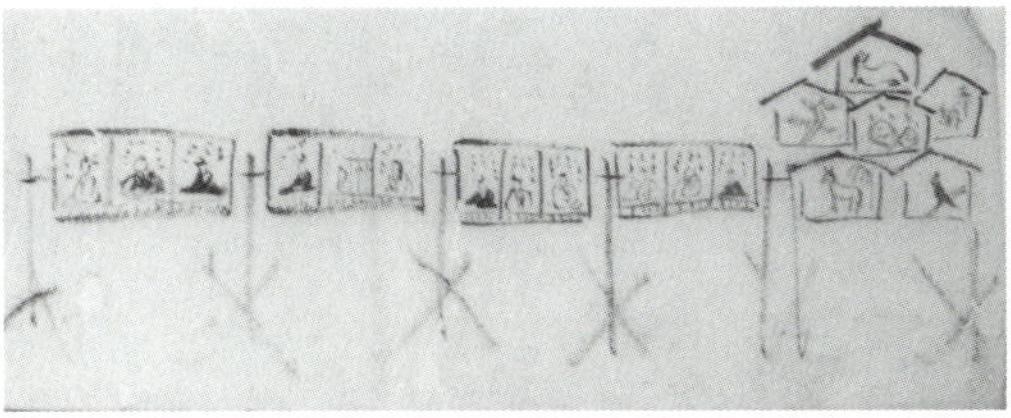

図3-1　清須花火の立物　文政6年（1823）

図3-2　清須花火の立物　文政7年（1824）

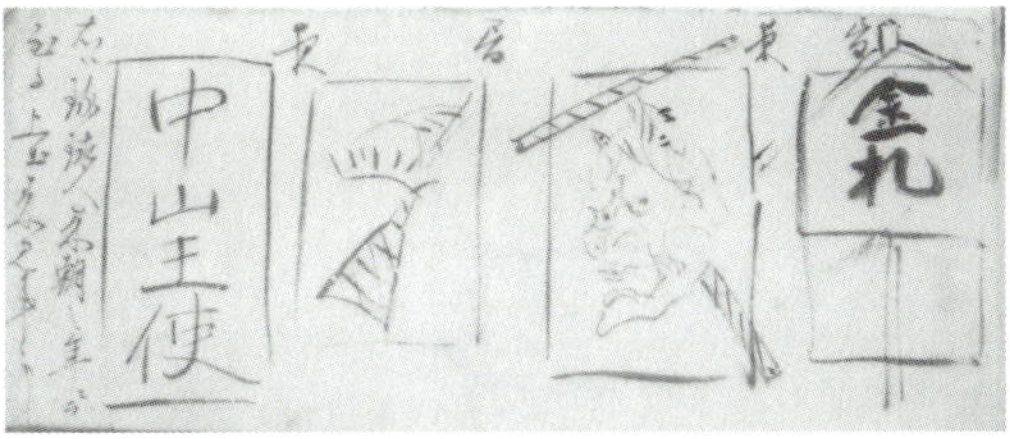

図3-3　清須花火の立物　天保4年（1833）
以上は「萬歳帳」（神明町所蔵）

図4　花火掛札「神祭也不可入不浄之輩」（清須市教育委員会所蔵）

と同様に月数を表す12個と日数を表す360個余りの提燈に飾られ、神楽を奏でながら五条川を行き交う。両岸にはそれぞれの町の桟敷が用意され、関係者は同じ場所でも見物ができた。天保7年（1836）の鯱名物には「清須花火祭」の文字がある。よく見物した猿猴庵の記録にある「是ぞ本州に於ては、花火の最上とも云」う言葉と連なる。清須宿の商人の経済力を現し、栄華も反映した。

名残りの花火

「川上神社の夏祭りは花火でしょう。」との思いが、昭和12年（1937）頃を最後に途絶えた以前からの清須花火を復活させた。購入によるものであったが昭和25年（1950）ごろからの花火は、戦前の盛大さを知る氏子の古老を中心にした有志によって特徴的な4寸玉以上の大筒が20本近くで、40年ころまであげられた。そのあとは水花火が50年ごろまでの約25年間ほど続いた。

60年代に入ると、「由緒ある清須花火を懐古する有志一同」（図7）につながる人々が、ささやかな花火を地域の子どもたちと始めた。次第にその規模は大きくなり、平成9年（1997）に入ると町全体に知れ渡るようになった。平成13年8月11日には清洲町商工会主催の第一回清洲花火大会（図8）が大規模に開かれた。復活かと思われた花火大会は一回限りで終わった。花火の3号（3寸玉）までしか揚げられない五条橋付近のような住宅密集地では、花火鑑賞の目が肥えた人々を集めるには無理があった。

図5　車楽の町名入り幕（神明町所蔵）

図6　車楽の町名入り幕（田中町所蔵）

図7　子ども花火大会のお知らせ（ポスター）

図8　第一回清洲花火大会（出典：「清洲町商工会だより」42号）

今は清須の花火

毎年6月第一土曜日におこなわれる尾張西枇杷島まつりの花火大会がある。全国で多く開かれる花火大会の中でも早い時期に開かれることで注目を集めはじめている。西枇杷島町が平成17年の合併で清須市となって以来「清須の花火」とも言われるようになった。

その始まりは昭和46年（1971）で、それまで山車《だし》のある地域でおこなわれていた天王祭を町全体のまつりとして盛り上げ、多くの人に見てもらおうというもの。出される山車は江戸時代の享和2年（1802）からの名古屋型をそのまま伝える。それは猿猴庵種信の「尾張年中行事絵抄」が紹介している。江戸時代の三大市場の一つとして名を馳せた「小田井の市」（図9）（昭和30年に名古屋市西区上更に移転し、昭和58年にはさらに現在の西春日井郡豊山町の北部市場に移る）に関わる商人（図10）の経済力を象徴する山車は、明治4年（1871）に杁西町（頼光車）が加わり、橋詰町（王義之車）問屋町（振陽車《しんようしゃ》を改め頼朝車）東六軒町（泰亨車《たいこうしゃ》）西六軒町（紅塵車《こうじんしゃ》）の計5輌が、人形囃子に合わせてからくり人形を操りながら美濃路を堂々と進む。平成12年（2000）の「東海豪雨」にも負けなかった。一番の見せ所は、囃子方と楫方と人形方が一体となって、4トンを超える山車を片方の輪を浮かせたまま半回転させる「曲場《まえば》（旧来はまげば）」である。

そんな昼間とは対照的に、庄内川のリバーランドから夜空に舞い上がる5号玉の華やかな大輪や仕掛け花火のナイヤガラ等は、20万とも言われる人々を魅了するに十分である（図11）。近年では協賛する形で参加することができるようになった。これは黒色火薬を中心とした和火とは大きく違った、洋火の総天然色の「ダイアモンド」である。

図9　にしび夢だいこん（モニュメント）

図10　問屋記念館

図11　尾張西枇杷島まつり花火大会（清須市提供）

私の美濃路

美濃路　取材余話

奥出光男

私は平成26年9月に『平成美濃路ウォーク』を自費出版した。その時の取材余話を少しご紹介したい。街道歩きの楽しさを分かち合うことができれば幸いである。

垂井一里塚

垂井町日守地区に残る一里塚を訪ねたときのことである（図1）。塚の写真を撮り終え、誰か地元の人がいないかな？と思ったがまったく人影が見えない。思案していると、突然一人の方が現れ、「一里塚の反対側に住んでいる安田新市です。地元の有志でこの一里塚を守っています。隣のコミュニティーセンターの中に中山道すべての一里塚を訪ねて撮った写真を展示しており、手作りの土産物も販売していますよ」と声を掛けていただいた。

図1　垂井一里塚

さらに2年前から毎年4月第3日曜日には、「垂井一里塚祭り」を開催しているとのこと。早速参加させていただいた。町長、町会議員、産業課長さんらも参加され、餅つき大会・農産物即売会・各種食品販売・二胡の演奏、剣舞の披露などが盛大に開催され、ひき立ての「きなこ餅」がおいしかった。

一里塚とは徳川家康が、街道整備のため、慶長9年（1604）に主要街道に一里塚の設置を命じた。これにより、江戸日本橋を基点として一里ごとに5間（約9m）四方、高さ1丈（約3m）、頂に榎《えのき》（所により松など）を植えた塚が、道路を挟んで2基ずつ築かれた。垂井一里塚は日本橋から数えて112里目であり、南側の1基だけが完全に残っている。

旅人にとっては、人夫や馬を借りるのに里程を知り、駄賃を定める目安となり、その木陰は格好の休憩所となった。中山道で国の史跡に指定された一里塚は、東京都志村とここだけである。

現代の朝鮮通信使

平成25年春、私は取材で再び垂井町を訪れた。ちょうどその日、JR垂井駅北口前で観光案内所の開所式がおこなわれていた。明るく開放的で、各種資料や土産物が置かれ、地元ボランティアガイドの方々の表情も明るい。開所式の後、垂井町観光協会会長の早瀬正敏さんにご挨拶すると、5月に現代の朝鮮通信使が垂井町に来るから参加しないかとお誘いを受けた。

　徳川将軍の代替わりのとき、朝鮮から500人前後の使節が12回来日し、美濃路を通った。沿道の観客は初めて見る行列に、前夜から場所取りをして観覧した。

図２　垂井松並木を通行中

　慶長12年（1607）の来日から400年をきっかけに当時の通信使が辿ったと同じ、韓国のソウルから東京（当時の江戸）まで約2000kmを歩く日韓合同のウオークが2年ごとに実施され、今年は第4回目であるという。そもそも私が美濃路を調べるきっかけは、「朝鮮人街道」であった。即座に参加をお願いした。

　4月1日にソウルを出発したウオークは、釜山まで約500kmを歩く。その後対馬を経由し福岡へ（写真は大垣祭りでの再現）。

　日本では通信使が船で移動した瀬戸内海はバスで移動して、大阪へ27日に到着。翌日から歩き始めて5月4日に垂井へ到着した。翌5日、垂井駅前で早瀬会長の歓迎挨拶と、韓国体育振興会会長の挨拶の後、東京へ向けてスタート。この日は愛知県尾張一宮駅（37km）を目指した（図2）。日本人隊員の平均年齢は60代であるが、全員疲れもなく元気である。

　垂井観光案内所の開所式と早瀬会長さんに出会わなかったらこの日の経験はなかった。

塩田常夜灯

　塩田常夜灯は大垣市の奥の細道記念館から美濃路を西へ約2kmの杭瀬川に架かる塩田橋の右岸側にある（図3）。

　杭瀬川には桑名湊から赤坂湊まで荷物を積んだ船が運航されていた。船の安全祈願と航路標識、そして伊勢両宮への献灯として、高さ4・3mの銅板葺き常夜灯が建立された。古色然として美濃路で一番立派である。

　常夜灯の前に廃品回収業を営む林孝治さんが住んでいた。林さんによれば、この周辺は昭和40年代までとても賑わっていた。醸造業・鍛冶屋、篭屋、床屋、米・野菜・砂糖・薬・豆腐など

図３　塩田の常夜灯

さまざまな店が立ち並んでいた。しかし、40年代になると旧国道21号線（現在の県道31号・岐阜垂井線）や現国道21号線が開通したため、美濃路であったここの通行は寂れてしまったという。近年、洪水対策のために、常夜灯を挟んだ両岸に新しく堤防が築造されることに。

それから2年後、私は美濃路研究会の会員を案内して訪れ、「ここに林さんという歴史に詳しい人が住んでいた」と説明していると、少し離れたところに立っていた人が「は〜い。林です〜」と声を張り上げた。今話をしていた人が突然現れたのである。私を含め会員一同びっくり仰天。林さんは以前と変わらず、歯が数本抜けた日焼け顔でニコニコ笑っている。今日の日時を約束してもいないのにである。この偶然をなんと説明したらよいのだろうか。

信長家臣の末裔

一夜城で有名な墨俣城を取材で訪れたときのこと。城の一階にある案内所で地元の歴史に詳しい人がいないか尋ねたところ、一番詳しい人は奥田良二さんだという。ただし年齢が90歳近いのでたまにしかここへは来ないとのこと。私は仕方なく観光ポスターや資料を眺めていた。ところがそこへ突然その奥田さん本人が現れた。話を聞くうちにこの人はとんでもない人だとわかった。

先祖は信長の家来で、秀吉が墨俣一夜城を築いた後、尾張国奥田村（現在の稲沢市）で三千石の領主であった。美濃国安八郡西之橋城に移った後、墨俣城第二代城主（一代目は木ノ下藤吉郎）である伊木清兵衛の娘を娶った。しかし信長が本能寺で斃れると信長と共に討死したという。

図４　象柄の茶托

その家系図や琉球使節が墨俣を通行した時に拝領したという螺鈿細工の香合や琉球百文銭、象が通行した時に幕府の役人から拝領したという象柄の合金製茶托など（図4）、出てくるは出てくるは。お宝鑑定団に出したいような貴重な品々が残されている。江戸時代の事をまるで昨日のように話される。今年で93歳になられ、昨今体調を崩されることが多くなり心配である。

羽島街道屋敷

境川の左岸堤防の美濃路を歩いていた時のこと。畑仕事から帰ってきた大塚強さんと出会った。

「この境川は木曽川の支流で昔は大河であった。（現在でも右岸・左岸堤防間約４００ｍ）で、堤防は今より３ｍほど高かった。堤防沿いには多くの店があって、遠くから買い物に来る人が堤防を上るのに苦労した。家の造りは懸造りといって、堤防から見ると平屋建てだが、

図５　堤防上の懸造りの屋敷

堤防下から見ると3階建てになっている（図5）。度重なる洪水のため、戦後になって大規模排水設備が設置されたため、川の流れは細くなった」と教えていただいた。

西枇杷島橋

　清須と名古屋市西区との境界に庄内川が流れている。県道67号線（旧国道22号線）に架かる橋を枇杷島橋という。江戸時代には川の中に島があって、島を挟んで大橋と小橋二つの木造橋が架かっていた。名古屋城下へ野菜などを運ぶ重要な橋であった。現在はコンクリート製の頑丈な橋が架けられている。

　昔の橋の位置はどこであったか知りたいが、付近の住民の方は誰も見当たらず、思案にくれていると、タイミング良く左岸堤防下の住人の方が出てこられた。吉田喜久雄とおっしゃる。「私が案内してあげましょう。中島があった杭が川面に現れています。川鵜が五・六羽止まっているところです」

　名刺をいただいて驚いた。吉田さんは旧西枇杷島町文化財調査委員で、昭和50年当時、例年になく暑く、庄内川の水位が下がり、江戸時代の枇杷島橋の遺構が現れたため、自身で測量・調査をされた方であった。

　さらに「水見杭」を教えていただいた。水見杭とは川の水位を測る石杭である。平常時の水面から堤防上面を一升として、十分の一を一合として段が刻んである。かつては堤防上に番所が建っていて番人が常駐していた。増水すると一合ごとに名古屋の役所に報告する。この杭が残っていると案内していただいた（図6）。

図６　旧枇杷島橋杭跡

　2年後、私は美濃路研究会の会員を案内して枇杷島橋へ来た。「ここが昔の枇杷島橋の跡です」と説明していたら、通りがかりの方が「奥出さん」と声を掛けられた。その方こそ2年前にここを案内してくださった吉田さんであった。

　現代の道路は自動車中心で、物流や短時間で目的地に行くためだけのものになっている。しかし街道は道路ではない。道である。合戦や武将のことだけが歴史ではない。道を往来する庶民にも歴史があった。今もそこを歩けばさまざまなドラマや偶然の出会いがある。だから楽しいのである。「街道に万歳、人に感謝」である。

私の美濃路

美濃路　思い出すまま

杉江一吉

私は美濃路を2度歩いた

　美濃路を完歩した1度目は、旅行会社のツアーで中山道を京都から江戸・日本橋まで歩き通してOB会を結成した。そのOB会の最初の行事に「美濃路」を取り上げ、垂井から熱田まで歩き通した。

　その頃、まだ私は「美濃路」という街道を知らなかった。インターネットで検索しても焼き鳥屋さんがヒットした。「美濃路を歩く」と入れるとやっと本来の美濃路が出てきた。この状況は、今も変わらない。

　2度目に美濃路を歩き通したのは、地元の新聞に連載の前にもう1度道順や見所を確認したいので、気の合った仲間3人で歩いた。この旅では、多くの人たちと触れ合うことができた。沿道の人に道を尋ねても、こちらも気楽に声をかけることができる分、相手も気軽に答えてくれた。

　平成28年10月から翌年の3月まで22回、『美濃路を歩く』と題して岐阜新聞に連載した。

中山道との追分から大垣へ

　中山道・垂井の追分から歩き出すとすぐに美濃路唯一の松並木が残っていた(図1)。

　こうして松並木が残ったのは、松並木の前にユニチカの工場があったことが大きく影響したと思う。以前は、美濃路全体に松並木はあったようだが、今では垂井町だけに松並木が残っている。

図1　美濃路の松並木

　道を聞いた時に地元の古老はなつかしそうに松並木が植えられていたことを語った。やがてバスが通ることになり、邪魔になる松並木を切って道幅を広げたのだろう。

　大垣の奥の細道記念館に立ち寄った。芭蕉は、奥の細道の旅に江戸・深川の芭蕉庵を発つ時、大垣を奥の細道の結びの地に決めており、弟子への手紙にそのことが書かれているとのことだ。記録にはないが、芭蕉が美濃路を通ったことはまず間違いないだろう。

　大垣で忘れてならないこ

図2　伊吹山（東町常夜燈）

とがもうひとつある。朝鮮通信使が大垣に宿泊したことだ。通信使が泊まった全昌寺は、濃尾震災によって倒壊し、戦災で焼失したので、当時の面影はほとんど残っていない。しかし、通信使が前日宿泊した彦根の宗安寺の規模からして全昌寺も格式の高い大寺院であったことだろう。その証拠に全昌寺の墓地には、大垣藩の家老小原鉄心の墓がある。

「美濃路大垣本陣跡」も整備されていた。「明治天皇御在所」の石碑も立っていた。大垣宿の中を歩くと標識がしっかりしていて曲り角には、「美濃路」の看板が掲げてあった。

揖斐川の堤防に上ると西の方に伊吹山の雄姿が見える（図2）。ずっと伊吹山を背にして歩いてきたので気が付かなかったが、美濃路を西に歩く旅人にとっては、伊吹山は目印であり、その山姿に勇気づけられたと思う。堤防には、「佐渡《さわたり》の常夜灯」が残っており、このあたり「佐渡の渡し」があった。

揖斐川、長良川を渡る

揖斐川にかかる新揖斐川橋を渡るには、堤防を一直線に上り、新揖斐川橋のガードレールに人がやっと通れる隙間ができるのでそこをすり抜ける。

揖斐川を渡ると縁結びで有名な「結神社」に出る。いつ来ても女性が熱心にお参りしておられる姿を見た。

墨俣輪中堤の上が美濃路になっている。昭和51年（1976）、9・12水害で長良川が決壊した時に、この堤防の下まで水に浸ったことを考えながら歩いた。

美濃路は、堤を下り、墨俣の町の中に入る。横町、西、中、東と街並みが続き、墨俣宿のほぼ真ん中に津島神社があり、「文化財琉球使節通行記念灯篭」の石柱が立っている。石柱奥の灯篭に「琉球国義衛正毛廷柱」と刻まれている。第13回琉球使節が帰国途中、墨俣宿で休息した際に常夜灯への揮毫を依頼したものだ。

犀川の橋近くに墨俣宿本陣の碑がある。この辺りは、川端町と呼ばれ墨俣宿の一部だったが、新犀川の掘削によって川底になった。新犀川の掘削にあたっては、水をめぐる上流と下流の争いがあり、軍隊も出動する「犀川事件」があった。墨

図3　長良川と新犀川

保一夜城の5階にある展望室に上ると新犀川が長良川に並行して流れているのが、よくわかる（図3）。

長良川大橋を渡るときに振り返ると墨俣一夜城がよく見えた。長良川の上流に金華山も眺められた。

濃尾大橋を渡ると起宿

木曽川の川幅は広い。木曽川の流域面積は、揖斐川と長良川を合わせた2・5倍に上るというから川幅は、広いはずだ。

濃尾大橋（図4）ができる昭和31年（1956）まで木曽川には、起の渡しがあったという。起宿には、脇本陣・林家が残り、脇本陣の内部と日本庭園が見学できる。

また、美濃路の拠点ともいえる一宮市尾西歴史民俗資料館があり、船橋（船を並べて板を乗せた）の模型や木曽三川を渡った象（船の上に柱を立ててむしろで囲った中に乗せた）の模型が常設展示してある。

図4　濃尾大橋

「冨田一里塚」（図5）が、街道の両側に残っていた。美濃路では唯一、国の史跡に指定されている。一宮市教育委員会が立てた説明板にいいことが書いてあった。「明治9年の内務省通達で有益な場合を除いて、無益になっている一里塚の破棄と民間への払いさげが、府県に通知された」と。それで一里塚はほとんど残っていないのだろう。

図5　冨田一里塚にて

萩原宿は、舟木一夫の生地

萩原宿は、商店街になっており、商店街の東のはずれに四軒長屋が建っていた（図6）。3つ目の家の前には歌手舟木一夫の生家を示す看板が立っていた。

2回目に歩いた時には、この四軒長屋を見つけることができなかったので、近所の人に聞くと、その跡地には新しくアパートが建っていた。アパートの名前に「ユニヴァリィフナキ」の石碑と前述の看板が新調さ

図6　舟木一夫生家跡（現存せず）

れて立てられていた。

名鉄尾西線の踏切を越えた郷土資料館の中に舟木一夫の資料があり、舟木が本名で作詞した「ロックンロールふるさと」の歌詞が石碑に彫られている。毎月第4日曜日には、郷土館も開館され、この聖地にファンが集まると、聞いた。

美濃路は、はだか祭で有名な国府宮（愛知県稲沢市）の一の鳥居の前を通り、東海道線の踏切を渡ると岐阜街道の合流点「四ッ家追分」に出る（図7）。ここにあった道標は、少し先の長光寺の門前に移された。長光寺には、六角堂と呼ばれる地蔵堂がある。

図7　岐阜街道との追分

清須は、「清須越し」によって尾張の政治・経済の中心は名古屋に移った。五条橋も擬宝珠ともども橋名まで名古屋の堀川に移った。

名古屋城下の美濃路

徳川家康が大阪城の豊臣包囲網として慶長15年（1610）名古屋城を築く際、美濃路を城下の中央に引き込み、資材、物資を運搬するため堀川を開削した。

美濃路は、名古屋城の手前で右に曲がり、堀川に沿って続く。堀川に架かる伝馬橋を渡る。伝馬通りを東へ進んだ本町との交差点が名古屋宿の中心「札の辻」となる。この辻は、美濃路の他にも木曽街道、下街道、飯田街道が分岐し交通の要衝だった。交差点には『尾張名所図会』に描かれた札の辻のプレートがある。美濃路が城下を通過することによって名古屋の街は、とれだけにぎやかになり、豊かになったか知れない。家康の平和な時代を見通し、都市の繁栄にも重きを置いた政策があったことは言うまでもない。

東海道との合流点がゴール

大須観音や東別院に寄りながら金山総合駅が左に見える辺りに佐屋路の道標ある（図8）。国道19号線の歩道を歩くと左手に熱田の杜が見えてきた。熱田神宮である。神宮を過ぎて国道19号と国道1号との交差点をまたぐ大きな歩道橋を渡り、愛知県自動車警ら隊の東側を少し行くと東海道との合流点となるT字路がある。美濃路のゴールである。

三人の気の合った仲間と歩いた時は、近くのうなぎ料理店「あつた蓬莱軒」で祝杯を挙げた。思えば歴史の面影を訪ねながら木曽三川を渡った。大勢の人々との出会いがあった。その出会いが走馬灯のように巡った。

図8　佐屋街道道標

私の美濃路

湊屋は いま

大島八重子

私たちはどこへ行くのか

デジタル化の掛け声がけたたましい世の中である。情報も交通も、そのスピードにますます拍車がかかっている。文明の利器による利便性を知った私たちはもう後戻りできないのだろうか。

さまざまな決め事に束縛され、私たちの心は余裕をなくし、荒んでいる。このまま進んだらいかなる世界が現れるのだろう。

いま、そんな時代の危うさに気づきはじめた人が増えている気がする。

人生の停車場として

街道歩きがブームである。いわゆる観光地としてだけでなく、歴史の深さを合わせもったところに人は集まるのだろう。

美濃路を歩く人が、ここ数年多くなった気がするのは、そんな背景もあるにちがいない。

汗をかいて、空腹の状態になれば求める欲求は決まっている。まずはともあれ休憩と食事である。

夏であれば、とりあえず冷えた西瓜やかき氷、ラムネなどで一息入れ、食事を求める。

お腹が満たされれば眠くなるだろう。せみしぐれを浴びてゴロッと畳に横になる。南から北へぬける風が心地よい。

街道の茶処的な雰囲気を残し、そんなひとときを過ごせる場所、それが湊屋である。美濃路で唯一渡船場のある宿場・起宿のかつての川湊に荷揚げされる商品を取り扱う商社旧湊屋文右衛門邸である。その歴史は古い。濃尾地震でも唯一残った建物を私たちは維持管理しているのである。

その重責を感じながら、謙虚に精進している。立ち上げて7年目。今では知名度も上がり、注目もされ、将来の見通しも見えてきている。もっと美濃路らしい昔の街道と宿場町の雰囲気を再現したいと考えている。

ただし、私だけが叫んでいても事は早く進まない。多くの人の熱意が事を動かしてくれる。その声が輪になってあちこちから多く上がることを願う。

湊屋の存在はめまぐるしい世の乱れを反省させるかけがえのない空間であるのだから。

湊屋入口

中庭

喫茶スペースから主屋を見る

ボリュームたっぷりの各種ランチやケーキセットほか喫茶メニューも充実。
その他おはぎランチ 500 円や湊屋御飯 1800 円（要予約）

湊屋倶楽部
住所：　愛知県一宮市起字堤町 33-1
【茶屋湊屋】営業日：　毎週 水・土・日曜日
営業時間：　10:00 ～ 17:00（ラストオーダー 16:30）
お問い合せ：
0586-72-3733（一宮市西島町 2-52-2　野の花内）
080-4224-3733（営業日・水・土・日のみ）

参考文献

愛知県教育振興会編『子どもともに』第40巻
愛知県史編さん委員会編『愛知県史』資料編 織豊 2、2007年
愛知県史編さん委員会編『愛知県史』資料編 17 近世3 尾東・知多、2010年
池田誠一『なごやの古道・街道を歩く』風媒社、2007年
一宮市博物館編『古地図にみる一宮』1993年
一宮市尾西歴史民俗資料館特別展図録『御一新と宿場――明治初期の美濃路・起宿』2012年
一宮市尾西歴史民俗資料館特別展図録『公方様ご出陣――徳川家茂長州征伐と起宿』2013年
一宮市尾西歴史民俗資料館『美濃路四川』2017年
榎原雅治『中世の東海道をゆく――京から鎌倉へ、旅路の風景』中央公論社、2008年
大石学『江戸のうんちく――社会と生活』角川学芸出版、2008年
大垣市『大垣市史 輪中編』2008年
大垣市『大垣市史 通史編 自然・原始～近世』2013年
大垣市／大垣市教育委員会『世界初の地震学教授で理学博士関谷清景』2017年
大垣市文化財保護協会『美濃路と竹鼻街道をゆく』1988年
大垣市役所『大垣市史』1930年
勝山市編『勝山市史』資料篇 第2巻、1982年
河井継之助著／安藤英男校注『塵壷―河井継之助日記』平凡社、1974年
木曽川町『木曽川町史』1981年
木村茂光『頼朝と街道――鎌倉政権の東国支配』吉川弘文館、2016年
木村修二「古文書が語る黒田家と明石藩松平家」(『明石藩の世界Ⅰ』明石市立文化博物館、2013年所収)
宮内庁『明治天皇紀』第4巻、吉川弘文館、1970年
清洲町『清洲町史』1969年
清洲町『きよす「歴史・散策」――美濃路』1999年
清洲町『きよす「歴史・散策」――信長と清洲・その後編』2005年
児玉幸多編『近世交通史料集』吉川弘文館、1967年～
犀川騒擾事件史編纂委員会編『犀川騒擾事件史』1971年
櫻井芳昭『尾張の街道と村』1997年
酒井金一『濃尾大地震　写真帳　西春日井郡被害の實情』1933年
渋谷武弘「明石松平侯道中斬捨て異聞」(『歴史と神戸』312号、2015年所収)

申維翰著、姜在彦訳注『海游録――朝鮮通信使の日本紀行』平凡社、1974年
鈴木隆雄『旧街道 宿場建築紀行』私家版、2005年
鈴木隆雄『歴史と文化の交差路 大垣を歩く』大垣市文化財保護協会、2007年
墨俣町史編纂委員会編『墨俣町史』1956年
千田龍彦『尾張なごや傑物伝』風媒社、2011年
田内雅弘作図「美濃路コース」解説文
舘野和己／出田和久『日本古代の交通・交流・情報1制度と実態』吉川弘文館、2016年
中部建設協会編『今もいきる、濃尾地震――マグニチュード8・0、日本史上最大の直下地震』2011年
東海財団『愛知尾張　私の散歩道』1984年
中島郡教育会編纂『中島郡名所旧蹟写真帖』1917年
名古屋市博物館編『絵本清洲川・続梵天錦』2002年
西枇杷島町史編纂委員会編『西枇杷島町史』1964年
西枇杷島町『にしびの文化財　第六集　西枇杷島の山車』1989年
日本史籍協会『明治天皇行幸年表』東京大学出版会、1982年
萩原町史編纂委員会編『一宮市萩原町史』一宮市、1969年
橋本寛子「明石藩黒田家に伝来する絵画について」(『明石藩の世界I』明石市立文化博物館、2013年所収)
半田実「猿猴庵も見た清須花火」(愛知県『愛知県史研究』第3号、1999年所収)
半田実「清須花火のなごり」(名古屋郷土文化会『郷土文化』第229号、2018年所収)
尾西市史編さん委員会編『尾西市史』通史編・上巻、尾西市、1998年
尾西市史編さん委員会編『尾西市史』資料編2、尾西市、1984年
日下英之『美濃路――熱田宿から垂井宿まで』愛知県郷土資料刊行会、1985年
日下英之『稲沢歴史探訪』中日出版社、2004年
正岡子規『子規全集』10巻、改造社、1929年
間部家文書刊行会編『間部家文書』鯖江市、1984年
三岸節子『花より花らしく』筑摩書房、1991年
宮川充史「美濃路における明石藩主松平斉宜の慮外討ち伝承」(『一宮市博物館研究紀要』2号、2013年所収)
宮川充史「参勤交代における美濃路利用」(『交通史研究』80号、2013年所収)
宮川充史「参勤交代と脇道の利用」(『駒沢史学』86号、2016年所収)
横山恭子「近世中期朝鮮通信使乗馬役の研究――道中における鞍置馬・鞍皆具負担を中心に」(『史学』第79巻第4号、2010年所収)
横山恭子「朝鮮通信使乗馬役と加賀藩前田家――正徳・享保期の鞍置馬派遣を中心に」(『地方史研究』第359号、2012年所収)

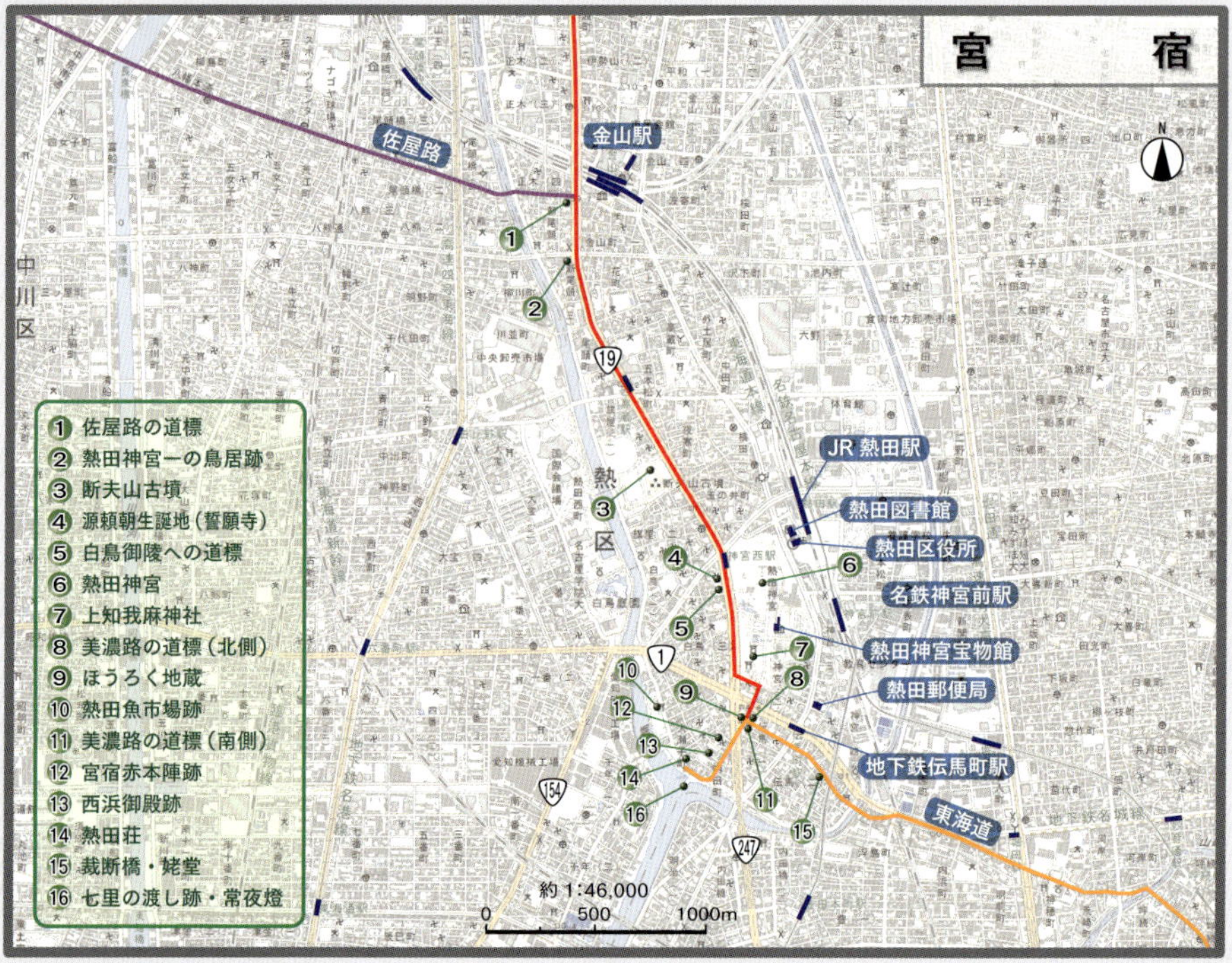
宮　宿
佐屋路
金山駅
JR熱田駅
熱田図書館
熱田区役所
名鉄神宮前駅
熱田神宮宝物館
熱田郵便局
地下鉄伝馬町駅
東海道
中川区
熱田区
① 佐屋路の道標
② 熱田神宮一の鳥居跡
③ 断夫山古墳
④ 源頼朝生誕地（誓願寺）
⑤ 白鳥御陵への道標
⑥ 熱田神宮
⑦ 上知我麻神社
⑧ 美濃路の道標（北側）
⑨ ほうろく地蔵
⑩ 熱田魚市場跡
⑪ 美濃路の道標（南側）
⑫ 宮宿赤本陣跡
⑬ 西浜御殿跡
⑭ 熱田荘
⑮ 裁断橋・姥堂
⑯ 七里の渡し跡・常夜燈
約 1:46,000
0 500 1000m

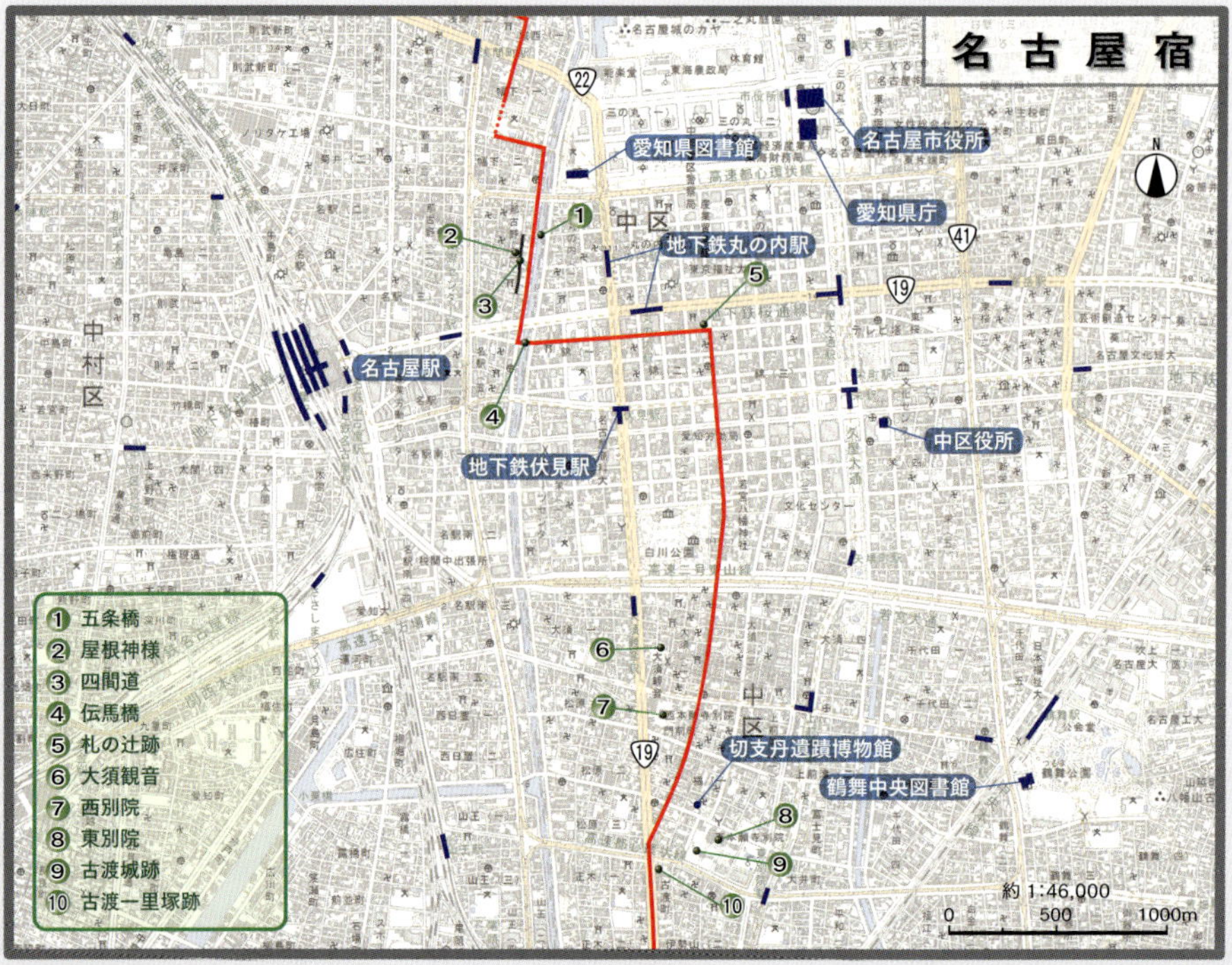
名古屋宿
愛知県図書館
名古屋市役所
愛知県庁
地下鉄丸の内駅
名古屋駅
地下鉄伏見駅
中区役所
切支丹遺蹟博物館
鶴舞中央図書館
中村区
中区
① 五条橋
② 屋根神様
③ 四間道
④ 伝馬橋
⑤ 札の辻跡
⑥ 大須観音
⑦ 西別院
⑧ 東別院
⑨ 古渡城跡
⑩ 古渡一里塚跡
約 1:46,000
0 500 1000m

清　洲　宿
JR 清洲駅
清須市役所清洲庁舎
清洲郵便局
名鉄新清洲駅
清須市役所
清須市
西区
① 清洲宿本陣跡
② 織田信長像
③ 清洲城
④ 清凉寺
⑤ 五条橋
⑥ 正覚寺（元須ヶ口一里塚の道標）
⑦ 須ヶ口一里塚跡
⑧ 新川橋橋詰ポケットパーク
⑨ 瑞正寺の宝塔
⑩ 屋根神様
⑪ 清須市西枇杷島問屋記念館
⑫ にしび夢だいこんモニュメント
約 1:46,000
0　500　1000m

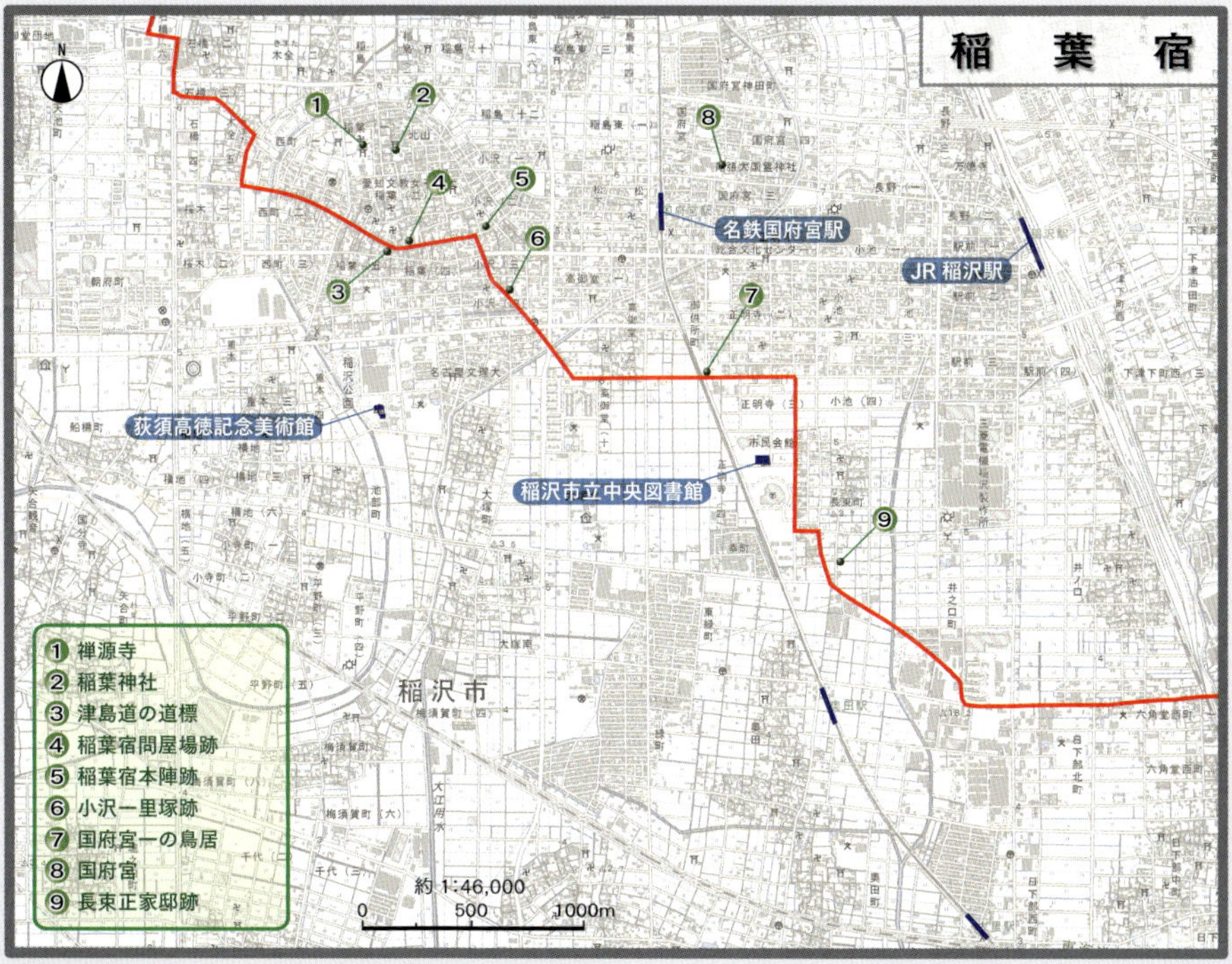
稲　葉　宿
名鉄国府宮駅
JR 稲沢駅
荻須高徳記念美術館
稲沢市立中央図書館
稲沢市
① 禅源寺
② 稲葉神社
③ 津島道の道標
④ 稲葉宿問屋場跡
⑤ 稲葉宿本陣跡
⑥ 小沢一里塚跡
⑦ 国府宮一の鳥居
⑧ 国府宮
⑨ 長束正家邸跡
約 1:46,000
0　500　1000m

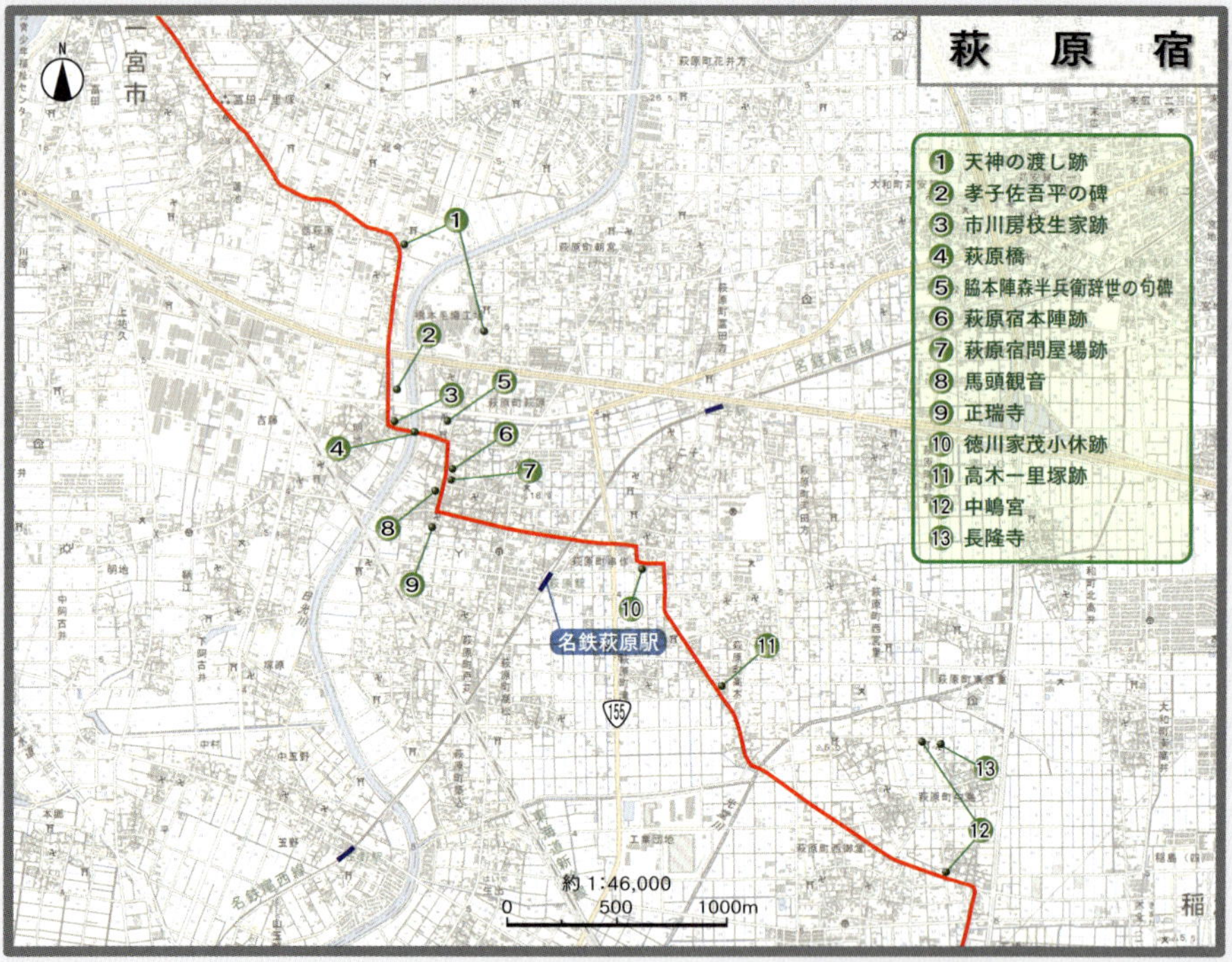
萩　原　宿
① 天神の渡し跡
② 孝子佐吾平の碑
③ 市川房枝生家跡
④ 萩原橋
⑤ 脇本陣森半兵衛辞世の句碑
⑥ 萩原宿本陣跡
⑦ 萩原宿問屋場跡
⑧ 馬頭観音
⑨ 正瑞寺
⑩ 徳川家茂小休跡
⑪ 高木一里塚跡
⑫ 中嶋宮
⑬ 長隆寺
名鉄萩原駅
一宮市
名鉄尾西線
155
約 1:46,000
0　500　1000m
稲

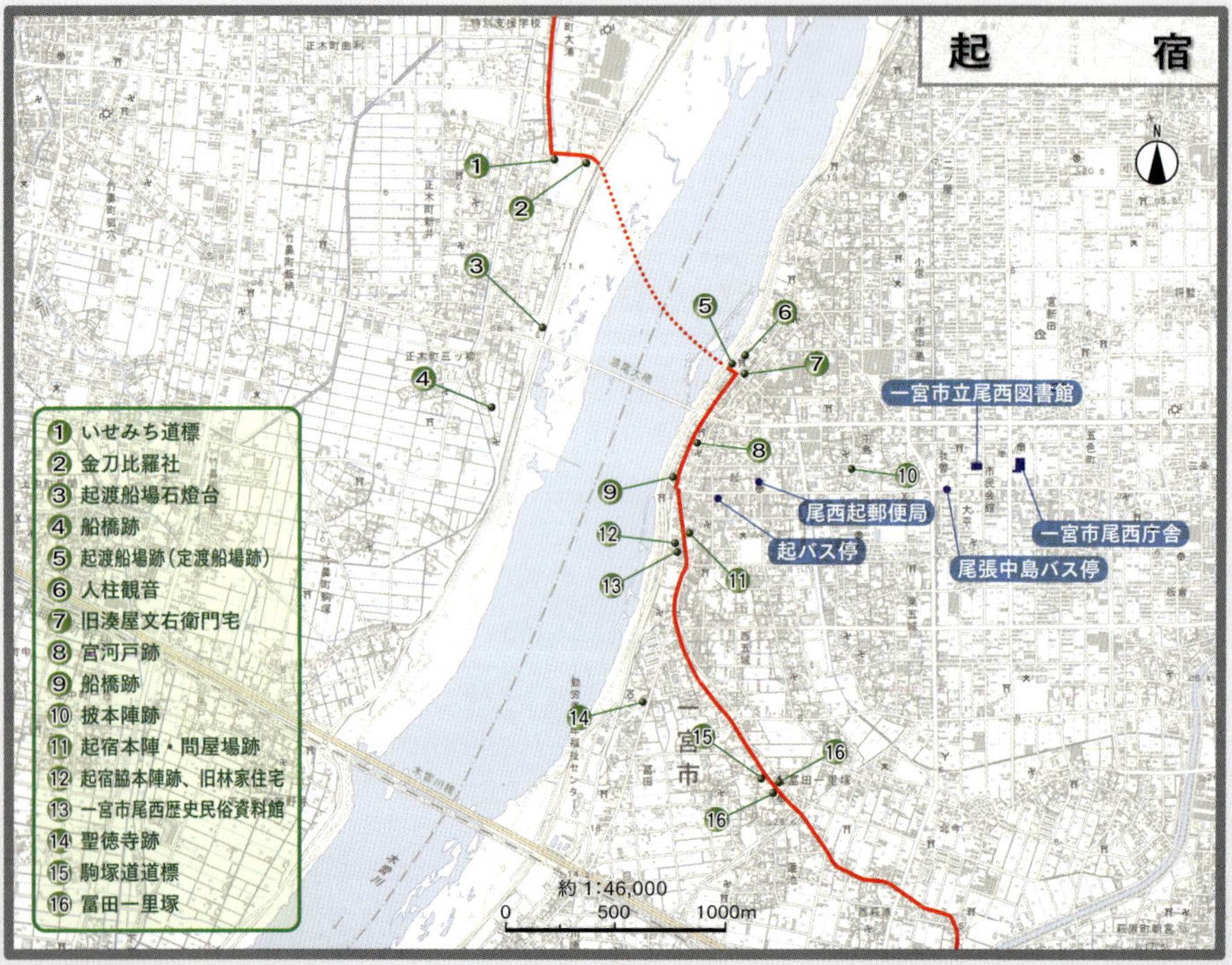
起　宿
① いせみち道標
② 金刀比羅社
③ 起渡船場石燈台
④ 船橋跡
⑤ 起渡船場跡（定渡船場跡）
⑥ 人柱観音
⑦ 旧湊屋文右衛門宅
⑧ 宮河戸跡
⑨ 船橋跡
⑩ 披本陣跡
⑪ 起宿本陣・問屋場跡
⑫ 起宿脇本陣跡、旧林家住宅
⑬ 一宮市尾西歴史民俗資料館
⑭ 聖徳寺跡
⑮ 駒塚道道標
⑯ 冨田一里塚
一宮市立尾西図書館
尾西起郵便局
起バス停
尾張中島バス停
一宮市尾西庁舎
一宮市
約 1:46,000
0　500　1000m

墨　俣　宿
墨俣バス停
墨俣郵便局
大垣市役所墨俣地域事務所
羽島市
約 1:46,000
0 500 1000m
① 東結一里塚跡
② 琉球使節通行記念燈籠
③ 墨俣神社（常夜燈台座）
④ 満福寺
⑤ 墨俣宿脇本陣跡
⑥ 本正寺
⑦ 明台寺
⑧ 墨俣宿本陣跡
⑨ 墨俣一夜城（大垣市墨俣歴史資料館）
⑩ 小熊の渡し跡
⑪ 小熊一里塚跡
⑫ 西方寺への道標

大　垣　宿
JR 大垣駅
大垣市立図書館
養老鉄道西大垣駅
大垣市役所
大垣郵便局
大垣市
約 1:46,000
0 500 1000m
① 塩田の常夜燈
② 船町中組常夜燈
③ 奥の細道むすびの地記念館
④ 船町港跡と住吉燈台
⑤ 木因俳句道標（復元）
⑥ 全昌寺
⑦ 船町道標
⑧ 大垣城西総門跡（京口門跡）
⑨ 飯沼慾斎邸跡
⑩ 大垣宿本陣跡
⑪ 大垣宿問屋場跡
⑫ 本町道標
⑬ 大垣宿脇本陣跡
⑭ 大垣城
⑮ 大垣市郷土館
⑯ 高札場跡
⑰ 大垣城東総門跡（名古屋口門跡）
⑱ 三塚一里塚跡

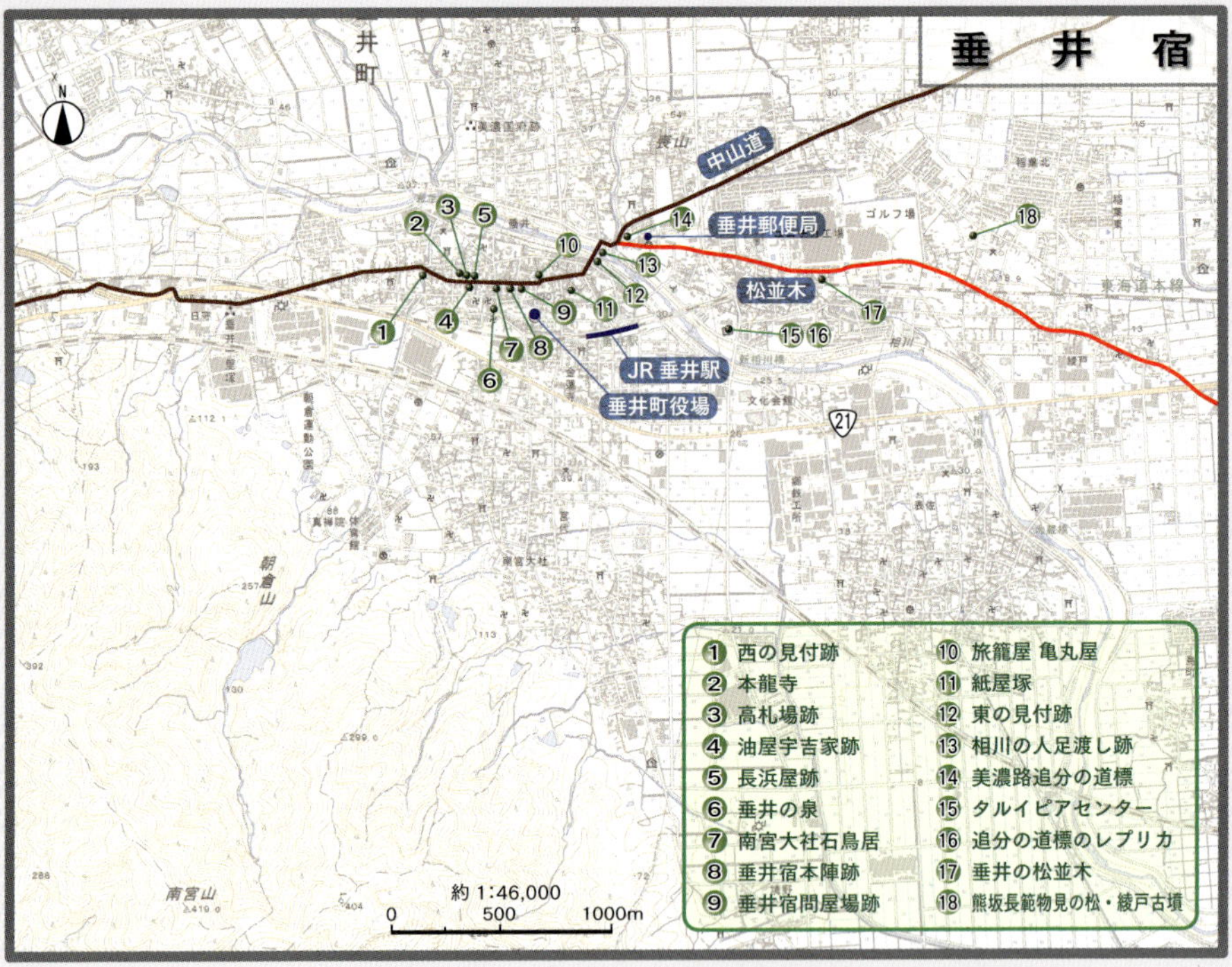

＊以上の巻末地図は、一宮市尾西歴史民俗資料館作成の地図「歴史街道 美濃路を歩く」を参考に作図。ベースの地図は国土地理院の２万５千分の一地形図を使用した。

［監修者紹介］
日下英之（ひのした・えいし）
1930年、愛知県生まれ。名古屋大学文学部史学科卒業。
元桜花学園大学人文学部教授。
著書に『美濃路 熱田宿から垂井宿まで』（愛知県郷土資料刊行会、1985年）、『佐屋路 歴史散歩』（七賢出版、1994年）、『熱田 歴史散歩』（風媒社、1999年）、『稲沢 歴史探訪』（中日出版社、2004年）などがある。

［執筆者一覧］（50音順）
大島八重子（おおしま・やえこ）湊屋倶楽部会長
奥出光男（おくで・みつお）大口町美濃路研究会代表
金子光二（かねこ・みつじ）萩原町郷土史研究会事務局長
杉江一吉（すぎえ・かずよし）街道愛好家
鈴木隆雄（すずき・たかお）公益財団法人大垣市文化事業団
半田 実（はんだ・みのる）清須市立古城小学校教諭
宮川充史（みやがわ・たかし）一宮市尾西歴史民俗資料館学芸員
横山恭子（よこやま・きょうこ）富山高等専門学校一般教養科助教

装幀／三矢千穂

＊本書収録の2万分の1および2.5万分の1の地形図は、国土地理院（前行政組織も含む）発行のものを使用した。
＊本書で図版を掲載した『尾張名所図会』および『中島郡名所旧蹟写真帖』は、愛知県図書館所蔵資料による。

東海の街道1　街道今昔　美濃路をゆく

2018年5月30日　第1刷発行　（定価はカバーに表示してあります）

監修者　日下　英之

発行者　山口　章

発行所　名古屋市中区大須1丁目16番29号
電話 052-218-7808　FAX052-218-7709
http://www.fubaisha.com/
風媒社

乱丁・落丁本はお取り替えいたします。　＊印刷・製本／シナノパブリッシングプレス
ISBN978-4-8331-0177-6